AF453764

ANECDOTES

RELATIVES

A QUELQUES PERSONNES,

ET A PLUSIEURS

ÉVÉNEMENS REMARQUABLES

DE LA RÉVOLUTION.

ANECDOTES

RELATIVES

A QUELQUES PERSONNES,

ET A PLUSIEURS

ÉVÉNEMENS REMARQUABLES

DE LA RÉVOLUTION;

PAR J.-B. HARMAND (DE LA MEUSE),

ANCIEN DÉPUTÉ,

ET EX-PRÉFET DU DÉPARTEMENT DU BAS-RHIN.

Quantùm a rerum turpitudine habes ,
Tantùm a verborum libertate te sejungæs.

CICERON.

PARIS.

BAUDOUIN , Imprimeur-Libraire , rue du Cimetière
Saint-André , N° 7 ;
DELAUNAY , Libraire , au Palais-Royal.
CHAIGNIEAU jeune , Imprimeur-Libraire , rue Saint-
André-des-Arts , N° 42.

1814.

TABLE.

INTRODUCTION.

IL y a plus de huit ans que j'ai essayé de donner de la publicité aux Anecdotes qui composent ce petit ouvrage; mais quoique j'y eusse associé alors quelques légères couleurs du tems, pour leur servir de passeport, le premier volume, en épreuves, qui contenait les plus saillantes, n'en a pas moins été arrêté à la Police, et depuis cette époque mes réclamations ont été vaines.

L'aurore d'un jour plus prospère et plus juste vient de luire pour la France; c'est sous ses auspices tutélaires que je livre aujourd'hui ces mêmes anecdotes à l'impression.

Mon intention n'est pas de troubler, les délicieuses jouissances du moment par des souvenirs déchirans, et lorsque la magnanimité du Prince offre et garantit l'oubli du passé, je serais bien coupable, si je cherchais à alarmer la confiance, à aigrir les passions, et à donner un nouvel aliment aux ressentimens et à la crainte.

Mais, tout ce qui se rattache au grand drame de notre révolution, quoique de nature, peut-être, à ne pas entrer dans le grand cadre de l'histoire, présente un tel dégré d'intérêt pour les contemporains, que ce serait, pour ainsi dire, leur dérober ce qui leur appartient, que de le réserver pour la seule et impassible postérité ; je veux donc seulement ravir à celle-ci quelques faits historiques injustement exclusifs.

Telles sont les Anecdotes relatives au Roi, au Dauphin, à MADAME, à Madame de Lamballe, etc.

Député à la Convention nationale, et successivement au Conseil des Anciens pendant trois ans, et à celui des Cinq-Cents jusqu'à la célèbre journée du 18 brumaire, à Saint-Cloud, j'ai préparé un recueil assez volumineux des faits qui ont plus ou moins influé sur les événemens extraordinaires qui ont agité la France pendant ce laps de tems.

Comme Membre du Comité de Sûreté-Générale, de la Convention nationale, après le 9 thermidor, et ayant dans ma division la police de

Paris, j'ai été chargé de l'inventaire et du dépouillement des papiers et de la correspondance des trop fameux jacobins, de ceux de l'ex-capucin Chabot, député envoyé à l'échafaud par Roberspierre, et de ceux de la Commune de Paris dans la révolution du 9 thermidor.

Ceux-ci ont passé depuis entre les mains de M. Courtois, Député du département de l'Aube, qui a fait un rapport, dans lequel les faits et les conséquences ont pris un caractère de parti et une forme gigantesque, que l'impartialité historique, et le ridicule des mimes conspirateurs dont il parle, ne comportaient nullement. Roberspierre, malgré son extrême présomption, ne s'est jamais attendu

à être mis en parallèle avec Tibère,
ni que sa mémoire serait honorée des
traits de Tacite. Les tyranneaux de
M. Courtois ressemblaient aux tyrans
de Tacite, comme un farceur du
boulevard ressemble à Lekain ou à
M. Talma.

Enfin, j'ai été Membre de plusieurs
comités, j'ai été chargé de missions
importantes à l'armée et dans l'intérieur; j'ai vécu avec les faiseurs; je les
ai observés; tout ce que je commu-
niquerai sortira donc de source, et
sera aussi exact que circonspect.

Je garde pour un autre tems les
faits dont la publicité serait indiscrète
ou blesserait quelques personnes, ce
qui limitera beaucoup cette première
communication.

La teinte de ces anecdotes portera celle de mon caractère, et indiquera suffisamment ce que je désirais dans la révolution dont j'ai partagé bien sincèrement les premières et séduisantes idées. Après la détention du Roi, j'ai cru la république possible, mais je la désirais juste, et plus grande par ses vertus que par ses conquêtes; je la voulais indépendante, mais respectant aussi l'indépendance de tous les Gouvernemens et celle de tous les peuples; je la voulais par la persuasion et par l'exemple, sans violence, et sur-tout sans proscriptions et sans effusion de sang; je pensais, avec J.-J. Rousseau, que la liberté, qui coûterait la vie à un seul homme, serait trop chèrement achetée : je voulais donc une chimère, et je n'ai pas tardé à en être convaincu ; car, à quelques rares exceptions près, je n'ai point trouvé de républicains dans mes collaborateurs en république, je n'ai vu que des hommes inquiets, jaloux et impatiens de l'autorité dans quelque main qu'elle fût, si elle n'était pas dans la leur, et alors . . . . ; mais je m'arrête, la déclaration du Prince est sous mes yeux.... Après vingt siècles, Antonin et Marc-Aurèle revivent pour la France, et les regrets stériles de l'histoire vont cesser pour elle sous le Gouvernement du Fils et de l'héritier de Louis XII et de Henri IV.

Placé au milieu d'élémens aussi hétérogènes, et tels que l'idée du chaos pourrait seule les figurer, sans résultat prévu, ni possible; étranger à tous les excès et à toutes les passions haineuses, ma raison, mon cœur, et tous les moyens que les circonstances ont mis à ma disposition, ont constamment été voués à l'humanité alors trop méconnue, et au service de l'opprimé quel qu'il fût. C'était la seule ressource qui restait à l'homme de bien, mais qu'il était difficile et malheureux pour lui, ce tems où c'était faire le bien que de ne pas faire le mal, où l'on vous savait gré de vous abstenir de nuire, et où tous les genres de préventions et d'accusations assaillaient celui qui osait être humain et juste!

L'ordre moral serait-il donc soumis aux inévitables destinées de l'ordre physique? et les lumières, en se propageant, sans préparation, seraient-elles comme le feu qui, en se communiquant, sans être dirigé et contenu, dévore et confond tout dans ses effrayantes ruines?

Loin de nous ce blasphême, sans doute ; mais qu'il est grand le Libérateur auguste, dont la main bienfaisante, en écartant tout ce qui peut renouveler cet horrible incendie , ressuscite en même tems le feu prêt à s'éteindre sous les flots de sang et les proscriptions du despotisme!

Français ! vous avez vu depuis vingt-cinq années les fureurs de l'anarchie agiter notre belle patrie, et le despotisme, son héritier naturel, s'appesantir sur vous, abattre les ames, et corrompre ou consterner vos cœurs nés pour le sentiment, la liberté et l'amour de vos Princes.

Des conciliateurs, aussi puissans que magnanimes, viennent après ce laps de tems vous rendre à vos affections naturelles; et qui, d'entre nous, eût jamais osé espérer ce qu'ils ont daigné nous offrir, nous promettre et nous rendre? Est-ce ainsi que l'auteur de tous les malheurs de la France s'est conduit à leur égard? Comparons et jugeons, et sur-tout soyons justes.

Cette réflexion n'a pas besoin de commentaire : mais qu'ils seraient insensés et ennemis d'eux-mêmes et de la patrie, ceux dans le cœur lesquels l'expérience ne porterait pas la conviction, la reconnaissance et la plus respectueuse confiance !

J'avais voulu d'abord donner à ces Anecdotes la forme de Mémoires historiques ; mais, outre que des Mémoires emportaient l'obligation de tout dire sans interruption, ce qui m'eût fait sortir des bornes que je me suis prescrites et que la discrétion me commande, j'ai jugé que des Anecdotes seraient plus conformes à mon plan, plus faciles pour moi, et peut-être plus analogues au goût de la plupart des lecteurs.

Je n'ai rien changé au fond : dans quelques endroits seulement j'ai modifié l'enveloppe dont elles avaient besoin il y a neuf ans ; j'ai supprimé quelques réflexions de circonstances et quelques phrases à la louange de Buonaparte, on les trouvera dans le volume qui est resté à la police ; mais on ne les trouvera plus ici ; il m'a tant fait de mal qu'on peut bien me pardonner cette suppression : mais je croirais commettre une lâcheté si je récriminais autrement contre un homme qui ne peut plus se défendre, fort heureusement pour la France.

Lorsque je fis imprimer ces Anecdotes la première fois, je les avais écrites de mémoire ; aujourd'hui j'écris sur les notes que j'ai tenues dans le tems ; l'ordre des faits et les faits eux-mémes en seront plus exacts, et chacun d'eux prendra sa véritable place dans la narration.

J'en ai lu dans ce même tems plusieurs à quelques personnes considérées et dignes de foi, particulièrement à Madame la Baronne de La Rochefoucault ; son témoignage, que je me permets d'invoquer, sera, je n'en doute pas, conforme à mon assertion.

J'aurais bien voulu ne point parler de moi, ou en parler moins dans ces Anecdotes, mais je prie d'observer que je n'écris pas d'après des rapports étrangers, je raconte ce que j'ai vu, ou des choses auxquelles j'ai coopéré : Je n'ai donc pu éviter de parler de moi, et je prie ceux qui trouveraient en cela matière à critique, de vouloir bien m'accorder l'indulgence nécessaire en pareil cas.

xvj

Ces Anecdotes n'ont aucune, ou
bien peu de liaison entre elles, je les
place sans ordre chronologique, celles
que j'ai crues les plus intéressantes, au
premier rang, et les autres pêle-mêle;
je demande grâce encore pour cette
confusion.

————

ANECDOTE

RELATIVE

A LOUIS XVI.

J'étudiais en droit, à l'Université de Reims, lorsque Louis XVI monta sur le trône, et fut, quelque tems après, sacré dans cette ville le 11 mai 1775.

Il succédait à des orages politiques intérieurs, dont la commotion se faisait encore sentir au moment de son sacre.

La querelle des Parlemens avait cessé par leur rappel bienfaisant ; mais des agitations vives se faisaient sentir d'un bout de la France à l'autre, par rapport aux subsistances.

Il n'entre pas dans le plan de cet ouvrage de rechercher si les causes de ces agitations étaient fondées ; mais quelles qu'elles fussent, elles avaient donné lieu, alors, dans la ville de Reims, à des mouvemens séditieux et à des violences criminelles ; on avait arrêté, dans la foule, quelques citoyens et des soldats habillés en femmes ; et il entre dans mon sujet de rapprocher le fait particulier , que je vais raconter , aux observations que j'ai faites depuis.

Les agitateurs ne s'étaient pas borné à des mouvemens tumultueux, ils avaient porté l'audace jusqu'à menacer la vie du Roi ; on avait écrit , et j'ai lu ces mots affreux , écrits en rouge sur les murs de l'Hôtel-Dieu de Reims , près du Palais de l'Archevêché, que ce Prinee occupait : *Sacré le 11 ; Massacré le 12.*

Malgré ces menaces , et peut-être même à cause d'elles, le Roi, dont le front noble et serein annonçait la dignité et la confiance , se montra et se promena souvent dans les rues et les promenades de Reims, accompagné de peu de monde ; heureusement le crime , déconcerté, s'arrêta à ses atroces menaces.

Mais , arrivé à l'époque de notre terrible révolution, si je suppose que Louis XVI se soit rappelé ces pénibles circonstances, et qu'il les ait rapprochées des événemens qui le menaçaient, je ne suis nullement étonné des pressentimens fâcheux et habituels qu'il éprouvait, et qu'il se soit abandonné à sa destinée.

Placé moi-même, à cette triste époque, au nombre de ceux qui osèrent devenir ses juges quelque tems après, et me rappelant ce Prince environné de tout ce que le trône et l'autel ont de grand et de majestueux , je désirais ardemment de le voir dans une position si différente, qu'elle est inconcevable pour ceux même qui l'ont vue : il était alors au Temple, je voulais comparer et réfléchir , et je ne pensais pas à la moisson de douleurs que j'allais recueillir.

On sait que la Municipalité de Paris avait été chargée de la surveillance du Temple , et que Péthion et Manuel , quoique députés à la Convention nationale, restèrent encore quelque tems , chargés de cette même surveillance, le premier , comme Maire , et le second , comme Procureur-Syndic de cette terrible Municipalité.

Deux jours après mon arrivée à Paris , je priai, je suppliai Péthion de me permettre de l'accompagner dans une de ses visites au Temple ; il me refusa.

1 *

Je m'adressai alors à Manuel, qui, après quelques difficultés qui tenaient à la confiance et sur quoi je le rassurai, me dit que je ne pourrais entrer au Temple qu'autant que je serais revêtu d'une écharpe municipale ; je m'en procurai une le lendemain 2 octobre 1792 , et à dix heures environ du matin , nous partîmes dans un fiacre que nous louâmes rue Saint-Honoré , près de la place Vendôme.

Manuel prit le fond de la voiture et me fit placer à côté de lui; nous nous arrêtâmes rue Saint-Martin , près celle du Cimetière Saint-Nicolas, et là , deux autres compagnons prirent place sur le devant de la voiture ; ce fut dans ce moment que nous nous parâmes tous de nos écharpes.

Je crus d'abord que ces deux messieurs étaient ce que leur écharpe indiquait ; mais les observations que je fus en état de faire bientôt après , me portèrent à croire , et je le crois encore aujourd'hui, qu'ils étaient, comme moi, deux curieux , profitant également de l'obligeance de Manuel : on va en juger.

Depuis la rue Saint-Martin , traversant celle du Cimetière Saint-Nicolas et celle des Gravilliers, jusqu'au Temple, nous gardâmes tous le silence le plus profond ; ce silence et notre attitude nous donnaient cet air de recueillement que les fidèles pénétrés portent en approchant des autels , et je ne fais pas ici une comparaison de circonstance : nous étions absorbés ; pour mon compte , j'atteste que je ne sentais plus parce que je sentais trop : or des Officiers municipaux, habitués depuis plus de six semaines à cette visite , n'en eussent pas paru si affectés, et eussent dit quelques paroles : Manuel, lui-même , en respectant ce silence , me confirma dans le soupçon qui venait de me gagner et qui ne faisait qu'accroître mon trouble.

Nous arrivâmes enfin au Temple , et je me trouvai dans l'appartement du Roi sans avoir vu quelles formalités on avait employées pour nous annoncer; je ne voyais plus, je m'aperçus seulement que nous avions monté très-haut.

Le Roi, qui se leva à notre arrivée , me tira de cet engourdissement , et je vis qu'il faisait sortir le Dauphin d'entre ses jambes , en le dirigeant vers un tabouret placé à sa gauche et près de son fauteuil.

Sur une table carrée et assez petite , couverte d'un tapis vert , et devant laquelle le Roi était placé, étaient une sphère , une carte géographique , du papier , des plumes , une écritoire , et un petit livre ouvert, mais renversé , la couverture en dehors.

A la droite du Roi étaient la Reine , Madame Royale à son côté , puis Madame Elisabeth , occupées toutes trois à broder , et formant un demi-cercle.

Le Roi et son auguste Compagnie nous regardaient et nous fixaient avec une attention singulièrement prononcée ; le Roi surtout semblait chercher à se rappeler nos traits et à nous reconnaître.

J'étais à la gauche de Manuel et nos deux compagnons à sa droite , presque groupés autour de lui. Je m'aperçus que les regards jetés sur ces messieurs et puis sur moi changeaient visiblement. Malgré le petit intervalle qui nous séparait, on aurait pu les traduire de cette manière ; sur eux ils semblaient dire : nous vous reconnaissons , et sur moi ils étaient incertains et semblaient demander : quel est-il ?

Cette scène muette ne dura qu'un instant ; Manuel la fit cesser en prenant la parole et en l'adressant ainsi au Roi..... : Monsieur....... A ce mot, un mouvement bien prononcé , de la part du Roi, interrompit Manuel ; le Roi parut s'être élevé d'un demi-pied, et il prit un air singulièrement imposant de dignité en fixant Manuel ; la pensée conçoit mieux de tels regards qu'on ne peut les exprimer.

Cependant Manuel reprit et dit : «La nou- « velle qualification que je viens de vous don- « ner, Monsieur, (même mouvement de la part du Roi, mais beaucoup moins prononcé, « sans causer d'interruption) vous étonne , « mais c'est que vous ignorez, sans doute, que « la Royauté est abolie en France , que la « République est décrétée , et qu'il n'existe « plus ni dignités , ni décorations. »

Le Roi portait encore les siennes. Aux der- niers mots de Manuel il parut saisi et frappé d'un coup inattendu , ses traits manifestaient une indignation et une peine intérieures de la plus grande violence ; il évitait de jeter les yeux du côté de la Reine, et tant d'outrages reçus en sa présence , étaient évidemment au-dessus de sa magnanime résignation, il eût voulu souffrir seul : cependant ses traits se recomposèrent, mais avec une altération sensible.

J'ignorais complètement alors, mais Manuel ne pouvait pas ignorer que soir et matin, et toute la journée, des crieurs impitoyables de journaux allaient sous les fenêtres du Roi vociférer les décrets nouveaux, et que le Roi avait été instruit, par ce moyen, de celui qui abolissait la Royauté et créait la République.

Les Mémoires de Cléry m'ont instruit depuis de ce rafinement de cruauté, et il est certain que le Roi avait eu connaissance de ce décret, non-seulement par ce moyen, mais aussi par les visites journalières auxquelles il était exposé, et surtout par Péthion ; mais il est probable que ces premières communications avaient été faites comme un simple récit des événemens, sans l'application et l'inconcevable personnalité dont Manuel venait de se servir , et que c'est cette offensante personnalité qui inspira au Roi ce sublime mouvement qu'il fit d'abord, et auquel la présence de la Reine , de Madame et de Madame Elisabeth fit succéder la douleur à l'amertume.

Peut-être aussi la présence des deux personnages dont j'ai parlé influait-elle beaucoup sur ces émotions, et mes motifs de crédibilité sont fondés sur l'action continuelle des regards jetés et rendus avec ces signes rapides d'intelligence qui échappent rarement à l'observateur ; on distinguait facilement d'une part une confiance reconnaissante, et de l'autre un respect comprimé et impatient d'agir.

Tout ceci se passa en moins de tems que j'en emploie à le répéter.

Je brûlais du désir de savoir quel était le livre que le Roi avait quitté à notre arrivée.

Pour entendre l'indécente et cruelle harangue de Manuel, le Roi s'était tourné en face de nous et presque vis-à-vis Manuel, le dos tourné vers la table, formant presqu'un cercle avec nous et tout près de cette table, son épaule droite de mon côté et à demi-tournée ; cette position me permit de faire un demi-pas vers la table comme pour élargir le cercle, et étendant très-peu le bras, je soulevai le livre ; je vis que c'était un Horace, avec sa traduction, ouvert précisément à l'ode si connue : *Rectius vives....*

Je n'interromperai pas ce récit par les réflexions qui m'assaillirent alors et que j'ai faites depuis, elles se présenteront sans doute aussi à tout lecteur juste et sensible.

On sait que le Roi connaissait parfaitement la géographie, et que ses occupations dans le Temple étaient de donner des leçons au Dauphin ; mais quelle occupation et quelle lecture pour un Roi ! Quel adorable trait de caractère ! Calomniateurs abominables, où êtes-vous ?

Quoi qu'il en soit, ému et pénétré jusques au fond de l'âme, j'allais retomber dans l'accablement avec lequel j'avais monté l'escalier, lorsque le Roi prit la parole, et tendant le bras vers la Reine, lui dit : *Prêtez-moi vos ciseaux.*

Les ciseaux sont prêtés, et à l'instant il s'en servit lui-même pour découdre un Saint-Esprit brodé ou cousu sur son habit ; mais à peine eut-il défait deux ou trois points, qu'un mouvement d'impatience le saisit et il appela d'une voix forte, sans aucune trace d'altération, *Cléry....Cléry....*

Le ton de la voix était celui qui suppose une certaine distance ou un obstacle.

Je vis en effet Cléry sortir par le fond d'une chambre voisine de celle où était le Roi, qui, en lui montrant ses décorations, lui dit : *Que tout cela disparaisse demain* ; en même temps il rendit les ciseaux à la Reine, et immédiatement après il détacha lui-même son cordon bleu, qu'il plaça sur le dossier de son fauteuil ; Cléry emporta ce cordon et se retira.

Alors ce prince, d'un air parfaitement calme et ayant repris une sérénité inconcevable, se retourna vers nous et nous dit : « Eh bien, « Messieurs, êtes-vous contens ? J'en suis bien « aise, il était temps que cela finît, je le dé- « sirais autant que vous, pourvu que cela vous « rende plus heureux, mais j'en doute. »

Ce fut alors seulement que je repris la position que j'avais quittée pour m'approcher de la table, comme je l'ai dit ; et en cherchant à découvrir si l'on avait aperçu mon mouvement et mon action peut-être indiscrète, j'osai jeter les yeux sur le petit cercle formé par la Reine, par Madame et Madame Elisabeth, et je vis, ô moment d'une indicible douleur ! je vis des larmes, et quelles larmes ! dans tous les yeux.

Ces mêmes yeux étaient tournés sur Manuel comme dans l'attente d'un nouveau coup; mais il n'ajouta rien ou peu de chose, comme on va le voir.

Une petite pause suivit les paroles du Roi, qui exprimaient la plus touchante et la plus héroïque résignation; puis gaiement et souriant, et nous fixant avec une attention toujours plus marquée, il ajouta : *Qu'est donc devenu le serment du 20 juin ?*

Ce serment était celui par lequel, trois mois et demi auparavant , l'Assemblée nationale avait proscrit le système républicain, et juré, dans une séance où plusieurs députés s'embrassèrent, de maintenir la Royauté dans la famille régnante.

Manuel voulut répondre à l'observation du Roi , mais il n'eut que le tems de prononcer ou plutôt de balbutier ces mots : *La souveraineté du peuple*....... Le Roi l'interrompit en répétant : *En serez-vous plus heureux ? Je le désire , mais j'en doute.*

Ce député eut alors un air extrêmement préoccupé et pénétré; il garda le silence, et le Roi nous congédia.

Cléry dit, dans ses Mémoires, qu'il était présent à cette entrevue ; mais je certifie que je ne l'ai aperçu que dans la circonstance dont j'ai rendu compte, et j'en appelle sur cela au témoignage des deux personnages qui nous accompagnaient, s'ils vivent encore.

Quoi qu'il en soit, nous quittâmes le Temple comme nous y étions arrivés, très-émus, accablés de réflexions, ou plutôt incapables d'en faire, et nous arrivâmes à la porte de la Convention sans avoir dit un seul mot ; nous roulâmes nos écharpes dans nos poches, et chacun se retira de son côté sans se saluer et sans même remercier Manuel qui, lui-même, paraissait ne plus penser.

Le lendemain seulement je le rencontrai à la porte de l'Assemblée, où il me dit, en me serrant la main : *On n'a pas connu cet homme-là ;* il en était toujours préoccupé. On sait qu'il est mort du martyre révolutionnaire, et que l'esprit de parti ne lui a pas pardonné son retour vers les principes d'honneur et de justice ; quant à moi, il m'est resté de cette visite, indépendamment d'une douleur qui ne finira qu'avec moi, la conviction d'une vérité

que quelques prétendus esprits forts contestent
en vain, c'est que, bien que les Chefs des
Nations soient des hommes comme les autres,
leur institution morale et politique imprime
cependant pour eux un respect d'instinct
que la réflexion, l'éducation et l'expérience
doivent consacrer, développer et maintenir
de toutes leurs forces pour le plus grand intérêt de ces mêmes Nations.

ANECDOTE

RELATIVE

A MADAME, FILLE DU ROI,

ET AU DAUPHIN,

Pendant leur détention au Temple.

Dans les premiers jours du mois de pluviose
an 3, qui correspond au courant de février
1795, les Commissaires de la Commune de
Paris, qui, comme je l'ai dit dans l'anecdote
précédente, avait la surveillance du Temple
et des illustres prisonniers qui y étaient renfermés, vinrent au Comité de sûreté générale,
dont je faisais partie, faire rapport que la
santé du Dauphin, qu'on appelait en France
Prince Royal depuis la révolution, et ailleurs
Roi par ordre légitime de succession, était
menacée d'un danger imminent et demandait
des secours urgens.

Interrogés sur la nature de ces dangers, ils dirent que ce jeune Prince refusait non-seulement tout conseil et tout secours, mais qu'il refusait aussi de s'expliquer sur le mal qu'il éprouvait et de répondre à toutes les questions qu'on lui faisait ; ils ajoutèrent qu'ils s'étaient aperçus que le jeune Prince avait des grosseurs à toutes les articulations, surtout aux genoux et aux coudes, et qu'il voulait toujours rester assis ou couché.

Interrogés ensuite s'ils savaient quelle pouvait être la cause de ces refus et de ce silence, et depuis quand il en agissait ainsi :

Ils répondirent que ce silence et ce refus dataient du jour où la violence lui avait arraché l'horrible déposition que les atroces scélérats Hébert et Simon lui avaient fait faire et signer contre son auguste mère, et qu'ils ne doutaient pas que ce ne fût la cause de cet extraordinaire procédé ;

Que, quant à Madame, si elle ne parlait pas, c'est qu'elle ne daignait pas le faire.

Ce rapport ainsi fait, le Comité me nomma son commissaire, comme ayant la police de Paris dans ma division, pour aller constater les faits, prendre les mesures provisoires et rendre compte de tout ce qui était relatif aux prisonniers d'état.

Mon cœur y volait ; mais, comme je n'ai pas voté la mort du Roi, et que les préventions attachées à l'opinion contraire prévalaient alors, je délibérai ; et les connaissances locales ne me permettant pas de douter que si, à mon retour du Temple, je faisais un rapport favorable aux illustres prisonniers, je serais écouté avec une prévention nuisible pour eux et pour moi, et n'étant pas capable d'en faire un contraire, je demandai qu'on m'adjoignît quelques Membres du Comité.

Quelques jours auparavant, je m'étais chargé seul de recueillir les papiers de la succession de l'ex-capucin Chabot, et de faire seul aussi l'inventaire de ceux des Jacobins.

Ce rapprochement donnera, je l'espère, la clef précise des mesures que je crus devoir prendre.

On m'adjoignit MM. Mathieu et Reverchon, tous deux membres aussi du Comité, et j'espère que ce que je vais en dire ne les offensera pas ; j'ai d'ailleurs trop à m'en louer personnellement, et, quoique dans la plus grande époque de la révolution nous n'ayons pas eu la même opinion, je dois à la justice de déclarer que personne n'a prévalu sur eux en bonté, en désir de servir l'humanité et de garantir l'ordre social des désordres de l'anarchie. Leur conduite au Comité et celle de Reverchon à Lyon le prouvent suffisamment; ce que je vais ajouter permettra encore moins d'en douter: j'écris pour la vérité et non pour l'esprit de parti. O mon Roi! ô modèle de tout ce qui est juste! je vous dois cette généreuse sécurité.

D'après ce que j'ai déjà dit, les cœurs sensibles sont assez préparés, sans doute, pour lire ou entendre ce qui me reste à rapporter; les pinceaux de la nature et de la vérité sont les seuls dont je me servirai. Pères et mères, fils et filles, Rois et sujets, écoutez: je vais tracer les malheurs de l'innocence, d'un enfant de neuf ans, du fils et de l'héritier de soixante-six Rois, et Roi lui-même.

Le Dauphin, Prince Royal, avait été enfermé au Temple avec les augustes auteurs de ses jours, après la journée trop mémorable du 10 août 1792. Ce fait est assez connu.

Une préoccupation, dont je n'ai pas été le maître, ne m'a pas permis de garder la date précise de notre visite au Temple; mais voici les faits.

Les affreux verroux s'ouvrent avec fracas à notre présence, et les sbirres prennent les armes ; déjà nous avions monté quelques marches de l'escalier de la tour à l'ouest de l'horrible prison, lorsqu'une voix lamentable, sortie par un guichet placé sur cet escalier, et qui eût plutôt annoncé la retraite d'un animal immonde, que celle d'un homme, suspendit notre marche.

Précurseur effrayant de la tâche que nous avions à remplir, cette voix fit sur mes collègues et sur moi un effet que rien ne peut exprimer. Nous nous arrêtons, nous interrogeons et nous apprenons que cette loge, que ce cachot obscur renfermait un ancien valet de chambre du Roi Louis XVI. J'ai oublié son nom.

J'atteste ici que le fait était absolument inconnu des Comités du Gouvernement; le lieu faisait horreur à voir; mais y être renfermé, quelle situation!

Le prisonnier nous exposa sa plainte, il demanda sa liberté; nous lui observâmes que nos pouvoirs ne s'étendaient pas jusques-là. Hélas! ils étaient sans mesure pour fairele mal.

Alors il demanda à changer au moins de, lieu provisoirement; nous y consentîmes, non-seulement sans peine, mais les larmes aux yeux, et nous chargeâmes les Commissaires de la Commune, qui nous accompagnaient, de l'exécution de notre arrêté.

Cela fait, nous arrivâmes bientôt après à la porte, sous l'affreux verrou de laquelle était enfermé le fils innocent, le fils unique de notre Roi, notre Roi lui-même, dix ou douze marches peut-être au-dessus du guichet dont je viens de parler.

Le cœur me palpitait d'une force indicible, et mes collègues n'étaient pas plus tranquilles ni moins pâles que moi; nous nous observions mutuellement, mais avec une sympathie si expressive de peines et d'intentions que rien ne peut la peindre, et que nous nous entendions sans nous expliquer.

La clef tourne avec bruit dans la serrure et la porte ouverte nous offre une petite antichambre fort propre, sans autre meuble qu'un poêle de faïence qui communiquait dans la pièce voisine, par une ouverture dans le mur de séparation, et que l'on ne pouvait allumer que par cette antichambre ; les commissaires nous observèrent que cette précaution avait été prise pour ne pas laisser du feu à la discrétion d'un enfant.

Cette autre pièce était la chambre du Prince et dans laquelle était son lit ; elle était fermée en dehors, il fallut encore l'ouvrir ; ce mouvement de clefs et de verroux porte à l'ame un noir d'autant plus pénible, que la réflexion ne fait qu'y ajouter, au lieu de le dissiper.

Le Prince était assis auprès d'une petite table carrée sur laquelle étaient éparses beaucoup de cartes à jouer ; quelques-unes étaient pliées en forme de boîte et de caisse, d'autres élevées en châteaux ; il était occupé de ces cartes lorsque nous entrâmes, et il ne quitta pas son jeu.

Il était couvert d'un habit neuf à la matelot, d'un drap couleur ardoise ; sa tête était nue, la chambre propre et bien éclairée.

Le lit se composait d'une couchette en bois, sans rideaux, le coucher et le linge nous parurent beaux et bons. Ce lit était derrière la porte à gauche en entrant ; plus loin, du même côté, était un autre bois de lit sans coucher placé aux pieds du premier ; une porte fermée entre les deux communiquait à une autre pièce que nous n'avons pas vue.

Les Commissaires nous dirent que ce lit avait été celui d'un savetier, nommé Simon, que la Municipalité de Paris, avant la mort de Roberspierre, avait établi dans la chambre du jeune Prince pour le servir et le garder. On sait assez avec quelle atroce barbarie ce monstre s'est acquitté de ces deux fonctions.

On sait que ce scélérat se jouait cruellement du sommeil de son prisonnier ; que, sans égard pour son jeune âge, pour lequel le sommeil est un besoin si impérieux, il l'appelait à diverses reprises la nuit, en lui criant, *Capet* . . . . . *Capet.*

Le Prince répondait : *Me voilà, Citoyen* . . .

Approche que je te voie, répliquait le tigre : l'agneau approchait. La plume se refuse à tracer le reste : l'exécrable bourreau sortait sa jambe du lit, et d'un coup de pied lancé partout où il pouvait atteindre, il étendait sa victime par terre, en lui criant: *Va te coucher, louveteau.* O ciel ! et la vengeance divine se bornerait à la vie que ce monstre a perdue avec Roberspierre !

Ceci a déjà été écrit ; mais je le rapporte parce que les Commissaires nous en firent un récit dont le souvenir me fait frissonner chaque fois qu'il se présente.

Après avoir reçu ces affreux détails préliminaires, je m'approchai du Prince, nos mouvemens ne semblaient faire aucune impression sur lui ; je lui dis que le Gouvernement, instruit trop tard du mauvais état de sa santé et du refus qu'il faisait de prendre de l'exercice et de répondre aux questions qu'on lui faisait à cet égard, ainsi qu'aux propositions qu'on lui avait faites d'employer quelques remèdes et de recevoir la visite d'un Médecin , nous avait envoyés près de lui pour nous assurer de tous ces faits, et lui renouveler nous-mêmes en son nom toutes ces propositions; que nous désirions qu'elles lui fussent agréables , mais que nous nous permetterions d'y ajouter le conseil et le reproche même s'il persistait à garder le silence et à ne vouloir point prendre d'exercice; que nous étions autorisés à lui procurer les moyens d'étendre ses promenades et de lui offrir les objets de distraction et de délassement qu'il pourrait désirer , et que je le priais de vouloir bien me répondre si cela lui convenait.

Pendant que je lui adressais cette petite harangue, il me regardait fixement sans changer de position , et il m'écoutait avec l'apparence de la plus grande attention ; mais pas un mot de réponse.

Alors je repris mes propositions comme si j'eusse pensé qu'il ne m'avait pas entendu , et je les lui particularisai à-peu-près de cette manière :

« Je me suis peut-être mal expliqué, ou
« peut - être ne m'avez-vous pas entendu,
« Monsieur ; mais j'ai l'honneur de vous de-
« mander si vous désirez un cheval, un
« chien , des oiseaux , des joujoux de quel-

« que espèce que ce soit , un ou plusieurs
« compagnons de votre âge que nous vous
« présenterons avant de les installer près
« de vous ; voulez-vous , dans ce moment ,
« descendre dans le jardin ou monter sur les
« tours ; désirez-vous des bonbons , des gâ-
« teaux , etc. , etc. »

J'épuisai en vain toute la nomenclature des
choses qu'on peut désirer à cet âge ; je n'en
reçus pas un mot de réponse , pas même un
signe ou un geste, quoiqu'il eût la tête tour-
née vers moi , et qu'il me regardât avec une
fixité étonnante qui exprimait la plus grande
indifférence.

Alors je me permis de prendre un ton un
peu plus prononcé , et j'osai lui dire : « Mon-
« sieur, tant d'opiniâtreté à votre âge est un
« défaut que rien ne peut excuser ; elle est
« d'autant plus étonnante que notre visite ,
« comme vous le voyez, a pour objet d'ap-
« porter quelqu'adoucissement à votre situa-
« tion, des soins et des secours à votre santé ;
« comment voulez-vous qu'on y parvienne si
« vous refusez toujours de répondre et de
« dire ce qui vous convient ? Est-il une autre

« manière de vous le proposer, ayez la bonté
« de nous le dire, nous nous y conforme-
« rons? »

Toujours le même regard fixe et la même attention, mais pas un seul mot.

Je repris : « Si votre refus de parler, Mon-
« sieur, ne compromettait que vous, nous
« attendrions, non sans peine, mais avec plus
« de résignation, qu'il vous plût de rompre
« le silence, parce que nous devons en con-
« jecturer que votre situation vous déplaît
« moins sans doute que nous le pensions, puis-
« que vous ne voulez pas en sortir; mais vous
« ne vous appartenez pas ; tous ceux qui vous
« entourent sont responsables de votre personne
« et de votre état; voulez-vous les compro-
« mettre , voulez-vous nous compromettre
« nous-mêmes? car quelle réponse pourrons-
« nous faire au Gouvernement dont nous ne
« sommes que les organes? Ayez la bonté de
« me répondre, je vous en supplie, ou bien
« nous finirons par vous l'ordonner ».

Pas un mot et toujours la même fixité.

J'étais au désespoir et mes collègues aussi ; ce regard sur-tout avait un tel caractère de résignation et d'indifférence, qu'il semblait nous dire : *Que m'importe, achevez votre victime !*

Je le répète, je n'en pouvais plus, mon cœur se gonflait et je fus prêt à céder aux larmes de la plus amère douleur ; mais quelques pas que je fis dans la chambre me remirent et me confirmèrent dans l'idée d'essayer l'effet du commandement, ce que je tentai en effet en me plaçant tout près et à la droite du Prince, et en lui disant : *Monsieur, ayez la complaisance de me donner la main ;* il me la présenta et je sentis, en prolongeant mon mouvement jusques sous l'aisselle, une tumeur au poignet et une au coude, comme des *nodus* ; il paraît que ces tumeurs n'étaient pas douloureuses, car le Prince ne le témoigna pas.

L'autre main, Monsieur. Il la présenta aussi ; il n'y avait rien.

Permettez, Monsieur, que je touche aussi vos jambes et vos genoux ; il se leva. Je trouvai les mêmes grosseurs aux deux genoux, sous le jarret.

Placé ainsi, le jeune Prince avait le main-

tien du rachitisme et d'un défaut de conforma-
tion; ses jambes et ses cuisses étaient longues
et menues , les bras de même, le buste très-
court, la poitrine élevée, les épaules hautes
et resserrées, la tête très-belle dans tous ses
détails, le teint clair, mais sans couleurs,
les cheveux longs et beaux, bien tenus, châ-
tain-clair.

*Maintenant, Monsieur, ayez la complaisance
de marcher.* Il le fit aussitôt en allant vers la
porte qui séparait les deux lits, et il revint
s'asseoir sur-le-champ.

« Pensez-vous, Monsieur, que ce soit là de
« l'exercice, et ne voyez-vous pas au contraire
« que cette apathie seule est la cause de votre
« mal et des accidens dont vous êtes menacé;
« ayez la bonté d'en croire notre expérience
« et notre zèle, vous ne pouvez espérer de
« rétablir votre santé qu'en déférant à nos
« demandes et à nos conseils; nous vous en-
« verrons un médecin, et nous espérons que
« vous voudrez bien lui répondre : faites-nous
« signe au moins que cela ne vous déplaira
« pas. »

Pas un signe, pas un mot.

« Monsieur, ayez la bonté de marcher en
« core et un peu plus long-tems. »

Silence et refus ; il resta sur son siége les
coudes appuyés sur la table, ses traits ne
changèrent pas un seul instant, pas la moindre
émotion apparente, pas le moindre étonnement dans les yeux, comme si nous n'eussions
pas été là et comme si je n'eusse rien dit :
j'observe que mes collègues ne parlèrent pas.

Nous nous regardions d'étonnement, et nous
faisions quelques pas l'un vers l'autre pour
nous communiquer nos réflexions, lorsqu'on
apporta le dîner du Prince.

Nouvelle scène de douleur, il faut l'avoir
vue et éprouvée pour la croire.

Une écuelle de terre rouge contenait un po-
tage noir couvert de quelques lentilles ; dans
une assiette, de la même espèce, était un petit
morceau de bouilli noir aussi, et retiré, et
dont la qualité était assez marquée par ces
attributs : une seconde assiette dont le fond
était rempli de lentilles, et une troisième dans
laquelle étaient six châtaignes plutôt brulées
que rôties, un couvert d'étain, point de couteau ; les Commissaires nous dirent que c'était

l'ordre du Conseil de la Commune, et point de vin.

Tel était le dîner du Fils de Louis XVI, de l'Héritier de *soixante-six Rois* ; tel était le traitement fait à l'innocence.

Ah ! sans doute , partisans hypocrites de l'égalité, vous qui ne la voulûtes que pour en être exceptés ; vous qui ne voulûtes des lois impraticables que pour mieux en vendre l'exception, vous direz que ce dîner était suffisant à la nourriture d'un homme et sur-tout à celle d'un enfant ! S'il vous eût été servi lorsque le prétendu niveau de l'égalité était dans vos mains, comme vous l'eussiez rejeté loin de vous ! Comme vous eussiez accusé d'être ennemis de la République et des Patriotes prétendus , ceux qui auraient osé le présenter à vous ou à vos enfans! Qui donc n'a pas vu vos orgies? Qui donc n'a pas vu et apprécié vos calculs et vos motifs ?

L'égalité ! expression magique , talisman des factieux, dont le type n'existe nulle part , ni dans l'ordre physique ni dans l'ordre moral.

Ce n'est pas sans doute une raison pour favoriser ou ne pas extirper ces excroissances inutiles qui altèrent et dessèchent l'arbre social ; mais c'est à la main seule du jardinier instruit et habile qu'il appartient de diriger la sève de ses arbres , d'y faire participer toutes les branches , et quoi qu'il fasse, elles ne seront jamais égales ; tel est l'ordre invincible de la nature. L'égalité dont vous parlez n'existe que dans les déserts stériles de l'Arabie , parce que la nature y est morte, et c'est là que vous nous meniez au milieu des bêtes féroces.

Heureux, mille fois heureux le jour et l'événement qui nous ramènent sur le sol ondulé et fertile de la France !

Dans la première impression de cette anecdote, je ne m'étais pas permis cette sortie peut-être intempestive , mais j'ose espérer que les motifs qui me l'ont dictée me la feront pardonner.

Eh ! qui pourrait tenir à ce spectacle et à ce souvenir du fils d'un Roi, d'un Roi lui-même, d'un innocent enfin , forcé par la violence à se nourrir comme le plus malheureux de ses sujets ?

Oui , celui qui , né dans cette condition et

sonmis à la même loi , oserait dire que, libre,
il se résignerait sans murmures et sans plaintes.
au brouet dégoûtant et peut-être mensonger
des Spartiates , mentirait à la nature , à lui-
même et à tous les hommes.

L'homme est appelé par son instinct et par
la nature à multiplier ou à étendre ses jouissances ; mais lorsque sa raison seule n'en dé-
termine pas librement l'usage ou la privation,
il n'est plus homme, il est esclave, il n'est plus
dans l'ordre de la nature , il est malheureux
dans toute l'étendue de cette expression.

Qu'on me pardonne encore une fois cette
effusion digressive; je reviens à mon récit.

Pendant que l'illustre prisonnier faisait cet
indigne dîner , mes collègues et moi nous ex-
primâmes par nos regards , aux Commissaires
de la municipalité, notre étonnement et notre
indignation , et pour leur épargner, en présence du Prince , les reproches qu'ils méri-
taient , je leur fis signe de sortir dans l'antichambre; là, nous nous expliquâmes comme
nous sentions ; ils nous répétèrent que c'était
l'ordre de la Municipalité , et que c'était encore pire avant eux.

Pire ! Ce n'est point à l'imagination de mes lecteurs que j'en appelle , c'est à leurs cœurs, c'est à l'étymologie de l'expression des Commissaires. Pire ! barbares! le malheureux , s'il en est , qui vit de votre pire , et l'orphelin infortuné que la société ne recueille pas, jouissent au moins de la liberté , et ils trouvent dans cette jouissance l'indemnité des privations qu'ils éprouvent ; mais le Fils de Louis XVI , mais cet enfant précieux , né et élevé pour vous et pour la France , qui avait eu l'avant-goût des grandeurs et des jouissances, attributs nécessaires de son rang , ah ! dites-le moi , qu'avait-il fait pour être condamné à votre pire, et même à votre mieux ?

Dans l'antichambre nous ordonnâmes que cet exécrable ordre de choses serait changé à l'avenir , et que l'on commencerait à l'instant même à ajouter à son dîner quelques friandises et sur-tout du fruit ; je voulus qu'on lui procurât du raisin, qui était rare alors.

L'ordre ayant été donné pour cela , nous rentrâmes ; il avait tout mangé. Je lui demandai s'il était content de son dîner : point de réponse ; s'il désirait du fruit : point de

réponse ; s'il aimait le raisin : point de réponse.
Un instant après le raisin arriva, on le plaça
sur la table, et il le mangea sans rien dire.
En désirez-vous encore ? point de réponse.

Il ne nous fut plus permis de douter alors
que toutes les tentatives de notre part, pour
en obtenir une réponse, seraient inutiles ; je
lui fis part de notre détermination, et je lui
dis qu'elle était d'autant plus pénible pour
nous , que nous ne pouvions attribuer son silence à notre égard qu'au malheur de lui avoir
déplu ; que nous proposerions en conséquence
au Gouvernement, de lui envoyer des commissaires qui lui seraient plus agréables.

Même regard , mais point de réponse. « Vou-
» lez-vous bien , Monsieur, que nous nous
» retirions ? » Point de réponse.

Cela dit , nous sortîmes ; la première porte
étant fermée, nous restâmes un quart-d'heure
dans l'antichambre, à nous interroger mutuellement sur ce que nous venions de voir
et d'entendre, et à nous communiquer nos
réflexions et les observations que chacun de
nous avait faites à cet égard , ainsi que sur
le morale et sur le physique du jeune Prince.

D'après le récit que je viens de faire, qui est exact, et dont j'ai plutôt abrégé qu'étendu les détails, tout le monde peut faire et fera sans doute les mêmes réflexions et les mêmes observations que nous ; ainsi je ne les répéterai pas.

J'ai dit les motifs auxquels les commissaires attribuaient le silence opiniâtre du Prince. Je leur demandai , dans l'antichambre , si ce silence datait réellement du jour où la plus barbare violence lui avait fait faire et signer l'odieuse et absurde déposition contre la Reine , sa mère ; ils renouvelèrent leur assertion à cet égard , et nous protestèrent que depuis le soir de ce jour-là , le Prince n'avait pas parlé.

Après avoir présenté cette anecdote à l'éternelle douleur des ames sensibles , je la livre aux observateurs de la Nature. Est-il possible qu'à l'âge de neuf ans un enfant puisse former une telle détermination et y persévérer? c'est ce qui n'est pas vraisemblable sans doute ; mais je réponds à ceux qui douteraient ou qui nieraient, par un fait et par des témoignages que j'indique et auxquels on peut recourir.

J'ignore si ce jeune Prince a parlé à M. Des-

3 *

ܒܐܘx , lorsque ce médecin est allé le voir, parce que peu de jours après notre visite au Temple , une intrigue me fit nommer , par la Convention, commissaire aux Grandes-Indes. Je partis à cet effet pour Brest, où je restai plusieurs mois, et à mon retour j'appris que le malade et le médecin étaient morts sans avoir laissé des notes ou des mémoires ; c'est ainsi qu'on me l'a dit.

Quoi qu'il en soit, avant de sortir de l'antichambre du Prince, mes collègues et moi nous convînmes que pour l'honneur de la nation qui l'ignorait, pour celui de la Convention qui, à la vérité, l'ignorait aussi, mais dont le devoir était d'en être intruite, pour celui de la coupable Municipalité de Paris elle-même, qui savait tout et qui causait tous ces maux, nous nous bornerions à ordonner des mesures provisoires qui furent prises sur-le-champ , et que nous ne ferions pas de rapport en public, mais en comité secret, dans le Comité seulement ; ce qui fût fait ainsi.

Ce serait peut-être ici le lieu de faire quelques observations sur le jeune intrigant à qui d'autres intrigans ont fait prendre

à Châlons , à Vitry , à Reims et ailleurs ,
deux mois après ou environ , le nom et le
titre de Dauphin; mais ceux qui avaient con-
certé cette intrigue , et les personnes crédules
qui en ont été dupes , ont eu assez à rougir
de l'événement , pour que j'ajoute ici à leur
humiliation.

L'historique de cette intrigue et du dénoue-
ment sont dans les mains de tout le monde.

MADAME ROYALE.

J'ai à terminer un récit bien plus intéressant.
J'ai raconté les malheurs de l'innocence op-
primée , sortant des mains de la nature , il
me reste à dire ceux de l'innocence ornée
des vertus natives et acquises , et de toutes
les grâces.

Ames célestes , qui présidez aux destinées de
la France , inspirez-moi et communiquez à
ma plume , avec la vérité , le style touchant
qui convient à mon sujet.

En quittant l'antichambre du Prince , nous
montâmes chez Madame ; j'ai compté les

marches, et, si ma mémoire est fidèle, j'en ai
compté quatre-vingt-deux.

Les commissaires nous dirent que cet appartement était celui que le Roi avait occupé.
Je l'avais trouvé en effet très-haut, lorsque
j'y étais monté au mois d'octobre 1792 ; mais
je ne m'y reconnus pas, on avait fait depuis
quelques changemens intérieurs; et pour priver
le Roi et ses augustes compagnes de la jouissance de la vue endehors , sous le prétexte
que quelques fidèles sujets montaient aux fenêtres les plus élevées des maisons voisines du
Temple pour lui témoigner, par quelques signes, ou leur douleur, ou leurs espérances,
on avait non-seulement fait élever les murs de
clôture à une hauteur extraordinaire , mais on
avait encore masqué les fenêtres de l'horrible
prison par des caisses extérieures en bois, for-
mées en hotte, et que l'on appelle, je crois,
des abat-jours, de sorte qu'il était beaucoup
plus sombre; il était obscur. Cependant, étant
arrivé dans la première pièce , vis-à-vis la
porte ouverte d'une chambre voisine, je crus
reconnaître, au fond de cette seconde chambre,
la porte par laquelle j'avais vu sortir Cléry,

Valet-de-Chambre du Roi , lorsque ce Prince l'appela dans une circonstance dont j'ai rendu compte.

Les Commissaires nous avaient prévenus , comme je l'ai déjà dit, que Madame ne parlait pas, par la raison qu'elle ne daignait pas le faire.

Je ne sais à quelles causes attribuer les dispositions faciles d'esprit et de cœur dans lesquelles je me trouvai en arrivant là ; je n'éprouvais plus cette douleur oppressive qu'on ne peut exprimer , elle était forte, mais expansive ; et s'il m'eût été permis de parler , si j'eusse osé dire tout ce que je sentais, j'ai l'indiscrète confiance de croire qu'on me l'eût pardonné.

Une très-grande cheminée , dans laquelle était un très-petit feu , se présentait en face de la porte d'entrée ; un lit était à gauche , au pied du lit une porte ouverte communiquant à la chambre dont je viens de parler.

Il faisait ce jour-là un froid pluvieux , et ce froid vous saisissait en entrant dans cette vaste chambre, sous un plafond antique extrêmement élevé , et le tout fermé de murs d'une

épaisseur extraordinaire ; tout me parut hu-
mide et glacial , et cependant proprement
tenu.

Madame était assise dans un fauteuil sous
une de ces fenêtres que j'ai décrites plus haut,
fermée en outre par d'énormes grilles et élevée
de plusieurs pieds au-dessus de la tête ; c'était
la seule qui éclairât cette chambre : un rayon
de lumière , brisé et à moitié intercepté par
la grille , descendait perpendiculairement et
sans projection ; au bas de cette fenêtre , par
le haut de la caisse en bois placée en dehors ,
l'effet de ce rayon de lumière était à peu-près
celui que produirait dans un lieu obscur un
miroir présenté au soleil , et Madame était
placée sous ce disque de lumière comme dans
une auréole de gloire : c'est l'image que je me
fis de cette position vraiment digne du pinceau.

Madame était habillée d'une toile grise
unie de coton, resserrée en elle-même comme
n'étant pas suffisamment vêtue et garantie du
froid. Elle portait un chapeau que je ne puis décrire, mais qui me parut très-fatigué, ainsi que
les souliers. Madame tricotait ; ses mains me
parurent enflées par le froid , par conséquent

violettes, et les doigts gros d'engelures : aussi Madame tricotait-elle avec peine et d'un air bien sensiblement gêné.

J'observe que j'entrai seul dans l'appartement de Madame, mes collègues restèrent sur le seuil de la porte, à portée cependant de tout voir et de tout entendre ; les Commissaires de la Commune s'étaient arrêtés dans un petit bureau que je vis en montant, mais que je n'ai pas assez remarqué pour le décrire.

Madame tourna un peu la tête à mon entrée, qui parut lui donner quelque inquiétude. J'étais un être bien nouveau pour son Altesse Royale, et mon apparition devait nécessairement la préoccuper un peu. Était-ce encore quelque événement, quelques catastrophes, quelques peines nouvelles ?

L'état dans lequel je trouvai Son Altesse ne me permit aucun préliminaire, et ne me laissa pas le temps de lui exposer d'abord l'objet de notre visite ; mon intention et mon projet en montant avaient été de lui demander la permission de parler, mais je ne pus y tenir. Voici comment je débutai, et ce début n'est pas à imiter ; je ne le donne pas pour modèle, mais comme une preuve de mon embarras et du saisissement que j'éprouvais : toutes mes belles dispositions étaient disparues.

« Madame, pourquoi, par le froid excessif « qu'il fait, êtes - vous si éloignée de votre « feu ? »

Son Altesse me répondit : « *C'est que je ne* « *vois pas clair auprès de la cheminée.* »

« Mais, Madame, en faisant un plus grand « feu, la chambre au moins serait échauffée, « et vous éprouveriez moins de froid sous « cette croisée. »

« *On ne me donne pas de bois.....* » Telle fut la réponse de Madame.

J'ai dit, et je le répète, que le feu était très-petit ; il était en effet composé de trois petits morceaux de ce bois qu'on appelle communément à Paris bois de cotrets, sur un monceau de cendres.

D'après les préventions que les Commissaires avaient voulu nous donner, je ne m'étais pas trop attendu à une réponse, et cependant, non-seulement j'en avais déjà obtenu deux, mais encore je remarquai que Madame suspendait un peu son travail, m'observait sans effroi et sans dédain, et même avec l'air d'une attente tranquille.

Je pris alors un peu d'assurance, et j'osai lui dire : « Madame, le Gouvernement, ins-
« truit depuis hier seulement des indignes et
« pénibles détails que je ne vois que trop,
« nous a envoyés vers vous, d'abord pour
« nous en assurer, et ensuite pour recevoir
« vos ordres pour tous les changemens qui
« vous seront agréables et que les circons-
« tances permettront. »

Ce langage parut nouveau à Madame depuis sa captivité ; son maintien le disait, mais elle ne répondit rien.

Après ma courte harangue, je me permis de parcourir la chambre dans laquelle était Madame, et d'en examiner les meubles ainsi que ceux de la pièce à côté ; il y en avait peu, mais tous étaient beaux et bien tenus.

Dans l'angle de cette seconde pièce, du même côté que le lit de Madame, était un fort beau piano à queue. Embarrassé et cherchant une occasion nouvelle de faire parler Son Altesse et de lui prouver que ma maladresse était moins l'effet de l'ineptie que celui de ma position, je touchai le clavier du piano, et , quoique je n'y connusse rien , je dis à Madame que je croyais que son piano n'était pas d'accord, et je lui demandai si elle désirait que je lui envoyasse quelqu'un pour l'accorder.

« Non , Monsieur , ce piano n'est pas à « moi, c'est celui de la Reine ; je n'y ai pas « touché et je n'y toucherai pas. »

Qui pourrait rendre , qui pourrait exprimer tout ce que cette touchante réponse signifiait ? C'est aux ames seules qui savent sentir qu'il appartient d'en pénétrer le sens douloureux, et de s'en pénétrer elles-mêmes ; je n'y échappai pas , mes jambes s'affaissaient sous moi du poids de la douleur.

Je rentrai dans la première pièce ; il fallait passer au pied du lit, qui était très-bien fait ; mais je commis alors une imprudence qu'aucune intention, quelque bonne et droite qu'elle fût, ne pouvait justifier ; je passai légèrement la main sur le pied du lit pour m'assurer en effet de sa qualité , mais je vis clairement que ce geste, dont je me suis bien repenti, quoique fait avec une intention bien opposée à celle d'offenser , m'avait fait perdre aux yeux de Son Altesse Royale l'appréciation favorable qu'elle paraissait avoir faite de mes autres démarches.

Mais la faute était faite, je la sentis vivement sur-le-champ, et je cherchai à l'atténuer en faisant à Madame la question que j'aurais dû faire sans toucher le lit. Je lui demandai si elle était contente de son lit; elle me fit l'honneur de me répondre : *Oui.*

J'ajoutai : « Et du linge, Madame ? » Ré-« ponse : Il y a plusieurs semaines qu'on ne « m'en a donné. »

A chaque détail de cette scène, on sent accroître sans doute son indignation et sa douleur; mais à cette dernière réponse de Son Altesse Royale, la peine de mes collègues et la mienne furent sans mesure; ils l'exprimèrent fortement et du geste et de la voix, par des imprécations contre la coupable Commune.

Je continuai cependant mon audacieux inventaire dans la chambre de Madame; il y avait des encoignures en acajou aux deux coins de la cheminée, au-dessus du manteau, et dans ces encoignures quelques livres.

J'étais au désespoir de penser qu'en sortant

du Temple je ne laisserais de moi, à Son Altesse, que l'opinion commune à tous ceux qui
l'avaient approchée jusqu'alors, et il y avait
une si grande différence entre la leur et la
mienne, sous tous les rapports, que quoique je
n'eusse pas l'honneur d'en être connu, j'étais
indigné contre moi-même d'avoir donné à
Madame la juste occasion d'observer que,
jusqu'à ce jour, elle n'avait pas encore vu un
être qui eût l'idée des convenances ou qui sût
les respecter.

Je désirais de me réhabiliter ; si je n'avais
pas eu des témoins, et des témoins suspects,
quoique non malveillans, le repentir, le respect et tous les sentimens que je devais à Madame, comme Français, m'eussent inspiré,
et je sentais bien ce que j'aurais eu à dire et à
faire ; mais l'occasion n'était pas favorable,
et je n'avais d'ailleurs que des pouvoirs limités.

Dans cette perplexité j'allai aux encoignures
dont je viens de parler, il n'y avait pas plus
de dix à douze volumes *in*-8° et *in*-12.

Le premier que je touchai était une *Imita-
tion de J.-C.*, tous les autres étaient des livres
d'église, de prières, etc.

Je pris la liberté d'observer à Madame que ces livres étaient bien peu propres à lui procurer les distractions et les délassemens que sa situation pouvait lui faire désirer, et j'osai lui demander si elle en lirait d'autres avec plaisir.

Ecoutez la réponse, et jugez.... « Non, « Monsieur; ces livres sont précisément les « seuls qui conviennent à ma situation ».

Quelle sublime et édifiante réponse! Dieu et le malheur ! Dieu et la vertu ! telles étaient, dans la plus injuste captivité , la compagnie et l'occupation de Marie - Thérèse - Charlote de France.

Les nouvelles réflexions dans lesquelles cette réponse sublime me jeta , et la bonté que Madame avait eue de me la faire , me rendirent un peu à l'estime de moi-même ; j'apprenais d'une jeune et grande Princesse qu'il est donc, hors du monde et au milieu des plus grandes peines , des consolations pour les ames justes et fortes.

Je voulais me retirer pour ne pas me distraire de cette grande idée, et pour la méditer ; mais je ne pouvais ni ne devais sortir sans assurer Son Altesse Royale de l'empressement que le Gouvernement apporterait, d'après notre rapport, à changer l'ordre actuel du Temple ; ce que je fis, en la priant de vouloir bien m'indiquer quels premiers soins pourraient lui être agréables ce jour-là même.

Madame demanda d'abord du bois ; puis, plus confiante sans doute, elle daigna me demander des nouvelles du jeune Prince son frère.

Il ne nous était pas venu dans l'idée, et qui aurait pu la concevoir cette idée ? que la Commune poussait sa barbare surveillance jusqu'à priver ces deux jeunes et illustres victimes du plaisir de se voir ?

Nous marchions donc, dans le séjour affreux du Temple, de surprise en surprise, et d'indignation en indignation.

« Madame, répondis-je, nous avons eu l'hon-
« neur de le voir avant d'entrer chez vous.

« Pourrai-je le voir ? — Oui, Madame ... —
« Où est-il ?.... — Ici, sous votre appartement,
« et nous allons faire en sorte que vous puis-
« siez le voir et communiquer ensemble quand
« cela vous conviendra. »

Cela dit, nous nous retirâmes et nous chargeâmes les Commissaires d'exécuter sur-le-champ les promesses que nous venions de faire à Madame.

Cette Princesse avait dîné en même-tems que son frère, et sans doute de la même manière ; mais il n'y paraissait plus, et tout était dans un état d'ordre et de propreté agréable à voir quand nous arrivâmes chez elle.

La crainte et la honte d'apprendre les détails de ce dîner, ne me permirent pas de faire à cet égard la moindre question à Madame ; il ne nous restait que la ressource de donner des ordres pour que cela n'arrivât plus, ce que nous fîmes aussi.

En descendant de cette tour, où étaient renfermés les illustres rejetons de la plus auguste famille de l'Europe, dans laquelle l'un d'eux périt, peu de tems après, victime des violences les plus inouies et d'une barbarie sans exemple, et de laquelle devait sortir ensuite l'espoir et la gloire de la France, mes collègues et moi, les larmes aux yeux, après nous être communiqué franchement nos opinions et notre profonde affliction, nous convînmes de nouveau que nous demanderions au comité une séance secrète pour lui faire notre rapport. Je m'empresse d'annoncer que le Gouvernement mit le plus grand zèle à acquitter les promesses que nous avions faites en son nom, et à réaliser les espérances que nous avions données : au moins, cela fut arrêté le soir même.

Je devais être chargé de l'exécution de ces derniers détails, beaucoup plus agréables que ceux dont je viens de faire le tableau ; mais, comme je l'ai déjà dit, une intrigue me fit nommer Commissaire aux Grandes-Indes , et je partis peu de jours après, sans avoir su comment les intentions du Gouvernement avaient été remplies , sans savoir si le jeune Prince avait parlé dans ses entrevues avec son auguste Sœur, ce qui est probable, mais c'est sur quoi je n'ai aucune notion.

Cette intrigue dont je parle , et mon voyage à Brest feront l'objet de deux anecdotes.

ANECDOTE

A MADAME LA PRINCESSE DE LAMBALLE

ET A ROBERSPIERRE.

Il faut avoir un motif bien réel, pour faire un rapprochement aussi révoltant et pour unir dans une même anecdote, madame de Lamballe et Roberspierre : c'est associer le crime et la vertu. Je vais peindre la victime et son bourreau.

On a raconté diversement l'assassinat de cette princesse aimable, aussi belle que bonne, dans les horribles journées des 2 et 3 septembre 1792.

Le fait dont je parle ici a paru incroyable à quelques personnes, d'après le caractère connu de la princesse de Lamballe, qui la rendait étrangère à toute intrigue politique; mais j'ai pour garant d'autres personnes qui vivent encore et qui ont vu elles-mêmes quelque part à ce même fait. Le voici.

On doit se rappeler que l'Assemblée législative, qui succéda à la première Assemblée, appellée Constituante, s'occupa de l'éducation du Prince Royal, et de diriger, autant que possible, le choix du Roi pour le Gouverneur qui devait être préposé à cette éducation.

Les partis s'agitaient pour disposer de cette place ; on y porta MM. Sieyes, Condorcet, Péthion et beaucoup d'autres ; le Roi nomma M. de Fleurieu.

Un parti plus singulier et peut-être assez conséquent dans ses vues et dans ses résultats, voulut y porter Roberspierre.

Le fait est étonnant sans doute, mais il n'en est pas moins constant et de plus justifié par les intentions.

Les chefs de ce parti ne pouvaient pas approcher du Roi, mais ils pouvaient y arriver par la Princesse de Lamballe ; il fallut la convaincre avant de convaincre le Roi, et

l'une et l'autre entreprises n'étaient pas facile.
Cependant on y parvint.

On dit à madame de Lamballe : «Robers-
« pierre est sans contredit un être vil et un
« scélérat avéré, mais il jouit précisément du
« genre de popularité qui rend tous les fac-
« tieux utiles ou dangereux, et malgré son
« incorruptibilité prétendue, le trottoir de
« l'ambition ne lui est pas étranger , il ne
« demande qu'à y être poussé, il faut le se-
« conder : alors , il arrivera de deux choses
« l'une : ou sa popularité le suivra dans sa
« nouvelle carrière, ou elle l'abandonnera.

« Si elle le suit , c'est une conquête que
« le Roi aura faite, et une conquête d'autant
« plus facile et moins embarrassante , que
« le Roi restera maître absolu des conditions.

« Si elle l'abandonne, c'est un ennemi que
« le Roi aura désarmé et abattu , et la réac-
« tion s'étendra , du même coup, sur tous
« les ambitieux subalternes qui caressent la
« foule , comme Roberspierre, et la trompent
« en l'agitant pour s'en servir.

« Au reste , le Roi pourrait borner sa fa-
« veur au seul titre et aux émolumens de

« Gouverneur , et se réserver l'éducation du
« Dauphin ; nous répondons de l'accepta-
« tion de Roberspierre. »

Le raisonnement était plus captieux politi-
quement que moralement; mais si la politique
ne connaît que ce qui est ou peut être utile,
la proposition ainsi présentée pouvait séduire
la Princesse de Lamballe , dont le dévouement
pour la Famille royale était sans bornes et tel ,
ainsi que sa bonté et sa loyauté, qu'elle ne vit
plus aucun inconvénient dans cette négociation; elle crut qu'elle pouvait être utile, et elle
s'en chargea ; ainsi un calcul indignement politique devenait dans son cœur un acte de morale et de bonté.

Elle fit donc la proposition au Roi qui, au
nom de Roberspierre, dit à la Princesse : *Vous
n'y pensez pas , ma cousine!*

Mais elle insista et développa le dilemme
qu'on lui avait fait à elle-même.

Le Roi répugnait toujours ; enfin il céda ,
et autorisa madame. de Lamballe à voir Roberspierre , auquel on avait donné , d'un
autre côté , l'éveil de cette demande , et à lui
faire les propositions suivantes :

1°. Qu'il aurait le titre et les émolumens de Gouverneur et les autres attributs honorifiques et utiles de cette charge , mais non les fonctions intérieures ;

2°. Qu'il se réunirait d'avance à la Cour pour arrêter ou tempérer les progrès de la révolution ; qu'il ferait un journal dans ce sens là, et professerait la même doctrine à la tribune des Jacobins , pour mériter l'honneur que le Roi lui faisait de jeter les yeux sur lui ;

3°. Qu'il donnerait sa démission de la place d'accusateur public au Tribunal criminel de la Seine.

Cette négociation donna lieu à trois entrevues entre madame de Lamballe , Roberspierre et deux ou trois autres personnages.

Roberspierre souscrivit à tout ; il commença par sa démission. Ceci se passa entre les deux fameuses journées des 20 juin et 10 août 1792.

Les événemens se pressaient et on pressait aussi Roberspierre de se prononcer ; enfin il le fit et entreprit un journal sous le titre, *du Défenseur de la Constitution*. Ce journal est dans les mains de tout le monde ; il y dit formellement que la révolution a déjà coûté trop de sang pour chercher l'occasion d'en répandre encore ; qu'il ne faut plus de mouvemens, et que, quoique la constitution soit imparfaite, il faut attendre du tems et de l'expérience les rectifications dont elle est susceptible ; qu'il n'y a que des hommes irréfléchis et ennemis de la raison et de l'humanité qui puissent parler de république ; que cette forme de Gouvernement est incompatible avec nos mœurs, nos usages, etc., etc., et qu'il faut maintenir la royauté dans la Famille régnante, etc., etc.

Indépendamment de ce journal, Roberspierre tint parole ; il étala la même doctrine à la tribune des Jacobins, et dit que les ennemis seuls de la France pouvaient en avoir une contraire, et parler de république.

Les séditieux ou les conspirateurs qui avaient échoué dans la journée du 20 juin, ne s'endormaient pas cependant, et préparaient une autre attaque contre le Roi. Les rendez-vous se multipliaient à Charenton et à Choisy-le-Roi : Roberspierre en était instruit, et c'était à eux principalement qu'il s'adressait : c'étaient eux et la Commune de Paris qu'il désignait dans ses sorties contre les agitateurs qui trompaient le peuple; c'étàient eux qu'il invitait à se rallier à la Constitution et à ne plus faire de mouvemens.

Son incorruptibilité prétendue et sa popularité tinrent long-tems en échec l'audace des conjurés, et ils ne savaient plus que penser, dire et faire; ils étaient déconcertés, et il est croyable que leur complot eût échoué si les promesses faites à Roberspierre eussent été exécutables.

Mais malheureusement on n'avait pas fait part à la Reine des commencemens et des motifs de cette négociation, et, lorsqu'au moment de l'exécution il fallut lui en communiquer les résultats, elle se fâcha, ne voulut entendre aucune des conventions faites avec Roberspierre, ni entrer dans aucune des considérations qui pouvaient rendre une rupture dangereuse, en protestant toujours que jamais elle ne confierait l'éducation de son fils à de pareils scélérats. La chronique du tems dit même que la Reine s'emporta, s'enferma avec le jeune Prince et menaça madame de Lamballe de sa disgrâce.

On ne pouvait refuser son admiration aux

nobles refus de la Reine; le Roi lui-même y céda, et dit à madame de Lamballe qu'il n'était pas dans son intention de donner un Gouverneur à son fils contre le gré de la Reine sa mère, et il chargea la malheureuse princesse de revoir Roberspierre, de lui annoncer cette rupture, et de lui proposer de demander ce qui pourrait lui convenir d'ailleurs, avec la certitude de l'obtenir.

Mais Roberspierre, qui avait commis sa popularité et qui, au lieu de la récompense promise, ne recevait qu'un refus humiliant, se crut joué; et quoique dans la journée du 4 ou du 6 août il eût renouvelé aux Jacobins ses reproches contre les agitations et les tumultes, et contre les prétendus républicains, il suspendit tout-à-coup ou plutôt supprima son journal, qui n'a eu que sept à huit numéros; il se rallia le lendemain à la commune conspiratrice; il y déclama contre la Cour et contre la corruption, sans parler de celle à laquelle il avait succombé, et accéléra la fameuse journée du 10 août, dans laquelle le Roi le plus juste succomba sous les coups réunis de la violence et de la perfidie.

Cette lamentable journée ne suffisait pas à Roberspierre ; il fit arrêter et incarcérer madame de Lamballe ; et quand il fut assuré qu'elle était à la Force, il excita les horribles massacres des 1ᵉʳ, 2 et 3 septembre, dans lesquels la Princesse fut immolée à ses ressentimens et à l'espoir d'ensevelir avec elle la connaissance et le secret de son ambition.

Telles ont été les véritables causes de cet horrible meurtre.

Mais s'il est possible de croire que cette négociation commencée avec Roberspierre, en recevant son exécution, eût peut-être sauvé à la France le regret éternel de ses déplorables malheurs, ne peut-on pas dire, ou plutôt répéter que les grands événemens tiennent trop souvent aux plus petites causes?

ANECDOTES

SUR

MA MISSION A BREST.

La Police de Paris était le grand et l'iné-
puisable laboratoire des intrigues révolutionnaires et des séditions ; j'avais cru devoir le
fermer et j'y étais parvenu, sinon complètement, au moins assez bien pour n'en plus
occuper ni le public ni l'assemblée ; mais cela
ne convenait pas au besoin que quelques
hommes avaient de faire ressource de ces
intrigues ; on ne pouvait pas m'accuser, pour
me retirer la police, mais la Convention ayant
décrété qu'il serait envoyé des commissaires,
pris dans son sein, aux Indes Orientales et
Occidentales, on saisit cette occasion pour
me procurer, en apparence, aux yeux du
plus grand nombre, un grand témoignage

de confiance , en me présentant pour la commission des Indes Orientales ; mais , dans le
fait, c'était pour s'installer à mon lieu et place
à la police , que je ne prêtais à aucun parti,
et que tous convoitaient. Je fus donc nommé
à cette commission , grande et belle en effet,
avec MM. Barras et Letourneur de la Manche.
Je quittai en conséquence le Comité de sûreté-générale à la fin du mois de ventôse ,
correspondant aux premiers jours de mars , et
je partis de Paris le 13 de ce dernier mois 1795.

Je donnerai dans l'anecdote suivante le
nœud de cette intrigue.

Quoi qu'il en soit , on avait trouvé dans
les papiers du Roi la demande que Tipoo-Saëb
lui avait faite de six mille Français armés,
de la solde et de l'habillement desquels il se
chargeait, et avec le secours desquels il assurait qu'il serait en état d'expulser les Anglais de l'Inde.

Jamais circonstances plus favorables ne se
présentèrent et ne se présenteront peut-être
que celles dans lesquelles on se trouvait alors,
en France , pour l'exécution de ce grand projet , et jamais peut-être aussi on ne trouvera

une occasion plus certaine de porter un coup mortel à la tyrannie des mers.

La France possédait encore, à cette époque, une marine formidable en hommes et en vaisseaux, et le Gouvernement anglais, quoique très-puissant en mêmes moyens, était loin, à cette époque, de ce grand déploiement de forces qui ne lui laisse plus aujourd'hui ni rivalité ni concurrence à craindre, au moins de sitôt.

Le Cap de Bonne-Espérance n'était pas encore sorti des mains de la Hollande, et la garnison était composée principalement de l'ancienne légion de Nassau, qui était elle-même composée de Français ; ainsi l'on pouvait déjà regarder cette garnison comme la nôtre, et nous y avions en effet des intelligences assez sûres pour ne pas douter du succès.

Le Comité de Salut-Public avait arrêté que M. Barras, qui avait servi dans l'Inde et qui connaissait le Cap, y resterait avec 1500 hommes, M. Letourneur aux îles de France et de Bourbon, aussi avec 1500 hommes, et moi je devais conduire à Tipoo-Saëb les 6000 hommes qu'il avait demandés.

Ce qui s'est passé depuis dans l'Inde, et le

désespoir courageux avec lequel ce Prince infortuné s'est défendu, ne permettent pas de douter qu'il n'eût réussi, si ce secours lui fût arrivé à tems ; et ce qui en serait résulté pour la France et pour toutes les puissances maritimes est incalculable , mais le Gouvernement anglais l'avait prévu, et par son influence notre expédition n'a existé qu'en projet et en minutieux préparatifs.

Avant mon départ j'eus plusieurs conférences avec le ministre de la Marine d'Albarade; il m'assura que tout était prêt à Brest et à Rochefort ou à peu de chose près ; mais que si je trouvais , à mon arrivée , quelque chose en souffrance, il me priait de ne pas lui écrire par la poste, mais de lui dépêcher un courier pour plus grande sûreté et pour plus prompte expédition.

Le 12, veille de mon départ , il y avait eu une sédition violente à Paris ; j'en parlerai dans l'anecdote suivante, et je n'en parle ici que parce que le lendemain 13, je faillis en être la victime au moment de mon départ.

Je logeais à l'entrée du faubourg Saint-Honoré ; les femmes ou plutôt les harpies, que

l'on a fort bien nommées les furies de la guil-
lotine , assiégèrent ma porte toute la nuit.
Quoique je ne fusse plus membre du Comité
depuis quelques jours, j'avais concouru à com-
primer la sédition de la veille , et la rancune
était dirigée sur moi : elles avaient fait le
complot de m'empêcher de partir et de me
faire faire un voyage dont je ne serais pas
revenu; elles le disaient tout haut sous mes
fenêtres , où elles faisaient un bacchanal
affreux. J'avais avec moi un Aide-de-Camp ,
quatre Secrétaires, deux passagers habitans de
l'île de France , un domestique et deux voitures.

Quand on chargea la vache et les malles,
les femmes voulurent s'y opposer et préten-
dirent les visiter ; on m'avertit : mes compagnons et moi nous descendîmes le pistolet à
la main , et je fis charger le tout. Les chevaux étaient mis , un instant après on apporta
un nécessaire ; on ne peut pas se faire une
idée des cris et des convulsions de ces furies ;
« Voilà la caisse ! voilà comme ils font ! ils
« partent et ils emportent tout notre argent!
« il faut l'arrêter. » Cela dit, elles se jetèrent
en effet sur les voitures ; je vis l'instant où

nous allions succomber , ou être réduits à la nécessité d'en blesser et peut-être même d'en tuer quelques-unes , si nous ne l'étions pas nous-mêmes. Le nombre augmentait ; je leur proposai de leur ouvrir le nécessaire , elles acceptèrent ; pendant ce tems je dis à mes compagnons de prendre leur place dans les voitures ; l'ouverture du nécessaire les calma assez pour me permettre de me jeter moi-même dans la mienne. Les postillons étaient sur leurs chevaux , alors je leur dis , *fouettez , au galop ;* ce qui fut fait ; elles s'écartèrent en criant, *il fallait le tuer, il fallait le tuer ;* mais bientôt nous ne les entendîmes plus.

Je le demande à tout esprit juste : ces femmes étaient-elles venues d'elles-mêmes à ma porte ? comment ont-elles su que je demeurais là ? qui leur avait procuré les moyens de boire de l'eau-de-vie toute la nuit ? n'était-ce pas un moyen employé pour empêcher notre expédition ? Je ne pousserai pas plus loin les questions.

Quoi qu'il en soit, nous n'arrivâmes à Brest que le 27 du même mois , parce que nous fûmes obligés de nous servir d'escorte pendant toute la traversée de la Mayenne et de la Bretagne.

Si le moment de notre départ fut signalé par de mauvais présages , celui de notre arrivée ne le fut pas moins et d'une manière bien plus directe ; car il ne nous fut plus permis de douter que le Gouvernement anglais ne s'occupât de notre expédition plus activement , peut-être , que le Gouvernement français.

Ce jour-là même on prit dans les eaux de l'Iroise , presque à l'entrée de la rade de Brest , un petit bâtiment anglais , un de ces explorateurs qu'aucune marine de l'Europe ne fait ou ne peut imiter. Ses papiers, qu'il jeta trop tard à la mer , furent repêchés et apportés à Brest : on y trouva; 1° Un arrêté du Comité de Salut-Public , en bonne forme , et revêtu des signatures originales , par lequel il était défendu aux Représentans du Peuple , en mission dans les quatre ports principaux, d'expédier en course plus de quatre vaisseaux et deux frégates à la fois.

Cet arrêté n'était pas connu des Représentans du Peuple dans le port de Brest , et cependant il était déjà revenu des côtes de l'Angleterre sur celles de France. Ceci n'a pas besoin de réflexions ; la moindre conséquence peut-être , était que le Gouvernement anglais expédirait alors six vaisseaux contre quatre, etc.

2° Des instructions bien détaillées et jointes à cet arrêté, portaient qu'il fallait , au jour le jour , savoir ce que faisaient les députés pour l'expédition des Indes. On voyait facilement par ces instructions , que le Gouvernement anglais avait plusieurs agens secrets à Brest ; mais le voile qui les couvrait , était si bien tissu, qu'il ne nous fut jamais possible de les découvrir : la Vendée n'était pas en armes à Brest ; mais elle y était en théorie, et cette théorie était celle du plus grand nombre des habitans de ces côtes ; ce que j'ai vu et entendu à cet égard est incroyable : ainsi nous étions circonvenus de toutes parts.

Un seul de ces agens était nommé, c'était une courtisane très-jolie, qu'on appelait dans les papiers anglais , *la Carmagnole* ; elle demeurait sur la place d'armes à Brest, et sa demeure était aussi indiquée dans ces papiers;

5 *

mais les instructions portaient en même-tems qu'il fallait se méfier d'elle et la faire bien observer. Je suis allé chez elle, et les renseignemens que j'en obtins ne me permirent pas de douter que si elle recevait quelques guinées de l'Angleterre, ce qu'elle m'avoua en présence de mon secrétaire particulier, elle n'avait pas besoin d'en recevoir du Gouvernement français pour être *bonne Citoyenne*; ce fut son expression : elle me confia son secret, mais il n'a pu m'être utile, parce que les autres observateurs anglais, ayant appris que j'étais allé chez elle, ne l'ont plus vue et ont tari les sources des guinées. Il me parut d'ailleurs que le fil était coupé, et qu'elle ne connaissait pas les chefs directeurs de cette intrigue ; un Pilote côtier, qui fut arrêté, lui avait porté deux fois quinze ou vingt guinées, et ils avaient l'un et l'autre volé leur salaire en promettant beaucoup, mais en n'effectuant rien.

Depuis, la demoiselle la Carmagnole se compromit plus dangereusement pour elle avec un de mes secrétaires et un officier de marine ; je fus obligé d'y intervenir, et elle eut lieu de s'en repentir.

Par une fatalité attachée à cette expédition, la découverte que nous venions de faire ne nous servit de rien ; elle était le moindre des obstacles que j'eus à combattre. M. Rhedon de Beaupreaux, alors Commissaire de marine à Brest, me dit qu'il ne connaissait notre expédition que par ce qu'il en avait vu dans les papiers publics, et que conséquemment il n'avait travaillé à aucun préparatif : il parut dans des dispositions opposées ; il me fit des objections, fit naître des difficultés et des embarras auxquels je ne m'attendais pas. Ce qu'il mettait de mauvaise volonté en cela était si caractérisé, que j'eus besoin de la plus grande modération pour ne pas user contre lui du pouvoir dont j'étais revêtu ; mais plus ce pouvoir était grand, plus je craignais, je ne dirai pas d'en abuser, j'en fus toujours incapable, mais même d'en user sévèrement : la sévérité touche si près à l'humeur, et l'humeur à la prévention, que je me tenais constamment sur mes gardes à cet égard, et M. de Beaupreaux en profita, car ou le Ministre ou lui me trompaient.

Je ne pouvais pas trop accuser le Ministre,

puisque j'apprenais dans le même moment que tout était prêt à Rochefort. Comment donc se faisait-il que non-seulement rien n'était prêt à Brest , mais encore que le Commissaire de la marine n'était pas averti officiellement, ou prétendait ne l'avoir pas été? Les ordres destinés pour le port de Brest avaient-ils été interceptés , ou y avait-il différence d'opinion et de zèle entre le Commissaire de ce port. et celui de Rochefort ?

Ce qui aurait pu chez quelques personnes faire cesser cette perplexité, fut précisément ce qui me fit redoubler de mesure et de modération. Il existait dans le port de Brest un acharnement incroyable contre M. de Beaupreaux, sur-tout de la part des officiers de la marine ; le Contre-Amiral Kerguelen, qui devait commander notre expédition, jurait et accusait , mais ne prouvait rien. Il était possible, en effet, que les ordres donnés pour Brest eussent été interceptés ; ainsi , quoique la preuve de ce fait fût à la disposition de celui à qui il était utile et qui en arguait, je ne devais rien préjuger , je devais observer, éprouver et attendre : ce que je fis.

Les troupes de terre étaient assemblées autour de Brest, et prêtes à mettre le pied dans les vaisseaux, les généraux Magallon, Macors et Tunck s'impatientaient et me pressaient de leurs observations ; mais rien, absolument rien n'était prévu ni prêt, soit pour l'armement, soit pour les vivres ; la destitution ou l'arrestation de M. de Beaupreaux n'eussent rien avancé, cependant on m'accusait déjà de mollesse à cet égard, et j'avoue que tout ce qui tenait à la marine, sur-tout la partie de l'épée, me pressait fortement.

Des prétentions mal établies ont donné lieu de tout tems, dans la marine française, à une division funeste entre la plume et l'épée, je le savais, et les symptômes de ce mal étaient visibles dans les reproches faits au commissaire par les officiers. On voyait que c'était, non une reprise, mais une continuation d'hostilités que j'eus beaucoup de peine à concilier, et je trouvai en cela un motif de plus de craindre quelque surprise.

D'un autre côté, M. de Beaupreaux passait pour un excellent administrateur, d'une grande probité, peut-être un peu sévère, et minutieux.

par conséquent, et en outre on ne lui faisait aucun reproche sur ses opinions politiques : le parti auquel je tins était donc juste.

Cependant il fallait en sortir. D'abord, M. de Beaupreaux sut bientôt apprécier mon impartialité et mes principes; et autant je l'avais trouvé mal disposé pour notre expédition , autant il me facilita après les moyens d'en accélérer les préparatifs.

J'écrivis au Ministre d'Albarade , et je lui marquai mon étonnement sur les contradictions qui existaient entre ce qu'il m'avait dit la veille de mon départ, et ce que j'apprenais à Brest ; je lui demandais comment il avait été instruit des préparatifs prétendus, faits dans ce port, puisque le Commissaire n'en avait fait aucun et assurait n'avoir aucune connaissance officielle de l'expédition ? Je le priai de me dire si c'était par sa correspondance avec ce Commissaire ou par quelques voies indirectes : je lui observais que, dans tous les cas, il y avait plus que du mal-entendu, puisque d'une part il n'avait pu ni dû m'assurer que tout était prêt, s'il n'en était pas assuré lui-même, et que de l'autre le Commissaire protestait qu'il n'avait reçu aucune instruction.

Il y avait évidemment un menteur , et le Ministre ne m'ayant pas répondu, il paraîtrait évident ou probable que c'était lui : il se mettait bien dans le cas de cette accusation , en ne me communiquant pas sa correspondance sur ce fait ; mais j'avais d'autres soupçons qui depuis se sont convertis en certitude morale, et qui se développeront dans un instant.

J'écrivis aussi au Comité de Salut-Public en lui rendant compte de tout. Je communiquai ma correspondance à M. de Beaupreaux ; il trouva de la loyauté dans mon procédé, et je crois que c'est ainsi que devraient se conduire tous les fonctionnaires publics en pareils cas : le Comité , comme le Ministre, ne fit point de réponse.

Mes soupçons s'accrurent encore par ce silence, et, pour leur intelligence, il faut que je dise qu'une seule personne était chargée de la partie de la marine auprès du Comité de Salut-Public ; que l'opinion des Députés attachés à ce Comité était dans les mains de cette même personne, qu'elle y faisait tout, et que le Ministre lui-même n'était que le commis du commis du Comité.

Je ne veux pas élever ici une accusation in-
jurieuse et tardive ; mais par qui le Gouvernement anglais était-il si bien instruit ? par qui
l'arrêté, dont j'ai parlé, lui avait-il été envoyé,
tandis que les Députés qui devaient le faire
exécuter en ignoraient l'existence ? par qui
mes lettres au Comité et au Ministre ont-elles
été interceptées ? Car enfin il faut que l'on sa-
che que je ne les ai pas trouvées dans les bu-
reaux à mon retour, et que personne n'en avait
eu connaissance ; par qui cela a-t-il été fait ?

Je sais bien quelqu'un qui pourrait me répondre, mais il s'en gardera bien.

Tout cela, sans charger le Ministère, venait
puissamment à l'appui du Commissaire de la
marine et nos relations, qui étaient très-mesu-
rées, devinrent de ce moment presque confi-
dentielles. Il me communiquait son travail,
demandait le secours de mon autorité pour
faire cesser les obstacles qu'il croyait au-dessus
de la sienne ; nous marchions bien parallèle-
ment, mais tout cela était inutile : on avait
juré à Londres et à Paris que notre expédition ne s'effectuerait pas, et jamais peut-être
on ne rencontra un enchaînement plus in-

croyable d'obstacles et de contradictions.

« Le Ministre , dis-je à mon Secrétaire ,
« m'a demandé de lui écrire par un cour-
« rier ; j'ai eu tort de lui écrire par la poste ,
« envoyons un courrier , nous serons peut-
« être plus heureux. » Les Généraux , et sur-
tout le Vice-Amiral Kerguelen me laissaient
à peine le tems de respirer.

Le sort ou plutôt le désir de faire une course
à Paris déterminèrent M. Renard de la Ferté,
qui était attaché au secrétariat de la Commission , à se charger de cette mission, qui a
failli lui coûter la vie.

Je le chargai d'une dépêche très-détaillée
pour le Comité de Salut-Public. Le courrier
de la malle de la poste aux lettres était le
seul moyen que je pusse employer à cause de
la difficulté des escortes pendant cinquante à
soixante lieues. Le départ de M. Renard fut
connu et les motifs soupçonnés. Arrivé près de
Rennes, le courrier fut arrêté par les Chouans,
malgré l'escorte, et ma dépêche enlevée ; mais
ce qu'il y eut de plus fâcheux pour M. Renard,
c'est qu'après avoir été dépouillé, il fut attaché à un arbre près de la route pour être

fusillé; et il eût évidemment subi cette triste
destinée, si une autre escorte, venant de Rennes avec la malle de Paris à Brest, ne fût arrivée fort à propos pour le délivrer, après avoir
mis en fuite les Chouans, en se ralliant à la
première escorte

M. Renard arriva à Rennes tout nu, et fut
recueilli par le Député Bollet qui y était en
mission, et qui le mit en état de se rendre à
Paris. Mais ma correspondance n'en fut pas
moins perdue, quelques journaux anglais en
ont parlé; et quelque compte que M. Renard
ait pu rendre verbalement au Comité de notre
situation et de l'état des choses, nous n'en
fûmes pas plus avancés.

MM. Palasne-Champeaux et Topsent étaient
Commissaires de la Convention près du port
de Brest; ils y travaillaient beaucoup dans ces
tems difficiles, mais la main qui nuisait à mes
relations s'étendait aussi sur les leurs : ils
avaient envoyé au Comité l'arrêté pris dans le
bâtiment anglais, ils avaient rendu compte,
comme moi, de cette singulière aventure : ni
l'arrêté, ni leur dépêche ne sont parvenus.

Une coïncidence si opiniâtre de faits et

d'obstacles n'était propre qu'à confirmer mes soupçons, et je pense qu'il n'est pas un lecteur qui ne les partage.

J'opposai en vain la persévérance à l'intrigue, tout fut inutile : instruit du fâcheux résultat de ma première dépêche, je pris le parti d'expédier un second Courrier. Ce fut M. Conscience, Officier de mérite, qui avait été attaché au Général Galbaud et victime comme lui des destructeurs de Saint-Domingue, Polveret et Santhonax.

Dans la crainte d'un danger pareil à celui que M. Renard avait couru, et pour ne pas compromettre une seconde fois ma correspondance, je ne donnai à M. Conscience qu'une espèce de lettre de crédit, en priant le Comité de croire à tout ce qu'il lui dirait. Il arriva sans accident à Paris, mais c'était là qu'il devait échouer, aiusi que notre expédition.

Les portes du Comité lui furent d'abord fermées. Adroit et ferme, il parvint enfin à se les faire ouvrir ; mais ce ne fut aussi que quand il n'était plus tems : les préventions étaient établies, les obstacles étaient accrus, l'argent manquait, les Anglais étaient en mer, et c'était à ce dernier résultat qu'on avait voulu nous conduire. Il vit d'ailleurs que les factions s'agitaient de nouveau dans l'assemblée; on s'occupait d'une nouvelle constitution, et toutes les ambitions étaient en jeu pour y faire un rôle ou y marquer leur place; enfin mille raisons, que les Anglais n'auraient pas mieux fait valoir que ceux qui répondirent à M. Conscience, s'opposaient à notre départ : telle fut la réponse qui lui fut faite et dont il me fit part par le courrier.

Pendant ce tems-là je menais à Brest une vie assez agréable, à l'inquiétude près que me donnaient les obstacles que je rencontrais et à une autre scène assez singulière qui me fut faite dans cette ville et que je raconterai dans l'instant.

M. le général Magallon, qui réunit beaucoup d'instruction et un esprit observateur et aimable, à une éducation soignée, voulait bien m'accorder quelque confiance et quelques témoignages d'estime ; nous nous voyions souvent , nous visitions ensemble le port , les chantiers , les arsenaux, les fortifications, la rade, les côtes, les magasins, la superbe corderie et le bagne ; nous faisions ensemble quelques parties de chasse et de pêche, et quelques courses en mer, au-de là du Goulet , avec notre Vice-Amiral Kerguelen , dont l'originalité piquante et les aventures maritimes nous intéressaient beaucoup en nous instruisant ; on sait qu'il a fait un voyage autour du Monde et qu'il a découvert une île nouvelle dans les mers du Sud. Il est mort depuis d'une manière singulière. Nous joignions à ces distractions quelques liaisons et quelques visites dans la ville , où on trouvait encore une fort bonne société , malgré l'absence de plusieurs personnes.

M. le Général Félix de Muy , qui devait commander l'expédition des Indes Occidentales , se trouvait aussi à Brest , et quoique rival en moyens d'exécution avec nous , il voulait bien m'accorder quelque distinction.

Voici maintenant la scène que j'ai annoncée.

Les administrateurs du département du Finistère , accusés de Fédéralisme , après avoir été acquittés à Paris , avaient été remis en jugement à Brest , et avaient péri sous le glaive de l'anarchie et de la fureur de l'esprit de parti. Les habitans honnêtes de cette ville se réunirent pour une cérémonie funéraire, en l'honneur de leur mémoire ; on prononça un discours à leur louange panégyrique fort bien fait et fort touchant. De tous les Députés qui étaient à Brest, je fus le seul qui eut le courage d'y assister ; je fus remarqué et peu de jours après on me le fit bien sentir.

La sédition du 12 germinal avait manqué son objet à Paris ; on la réorganisa avec plus d'intensité pour les fameuses journées des 1er. et 4 prairial, dans lesquelles on coupa la tête au député Féraud, dans le sein de l'assemblée. Ce dernier mouvement était organisé aussi à Brest et devait y être exécuté comme à Paris ; il paraît que je devais faire le pendant de Féraud : on va juger si je me suis trompé.

Depuis que j'avais paru à la cérémonie funéraire dont je viens de parler, j'avais été en butte dans les rues à quelques propos insolens à cet égard et je les avais méprisés. Un jour, étant au spectacle au fond de la salle, en face du théâtre, le parterre ou presque tout le parterre, se tourna vers moi et plusieurs voix firent entendre ces cris, *á bas les modérés! point de modérés! vivent les montagnards ! à bas, à bas, à bas!* Je fus obligé de sortir.

On me suivit ou plutôt on me poursuivit en criant : *il faut les traiter comme on les traite à Paris aujourd'hui ; nous verrons demain , nous verrons.*

Je rentrai chez moi, dans l'hôtel du Gouvernement, non sans effroi : j'allai chez mes collègues Champeaux et Topsent, qui étaient, comme je l'ai dit, commissaires particuliers près du port de Brest, je leur fis part de ce qui venait de m'arriver ; ils en furent étonnés comme moi, et nous l'attribuâmes tous à la démarche que j'avais faite en assistant à la cérémonie dont j'ai parlé.

Il fut convenu que nous prendrions tous des précautions; mais quel fut notre étonnement lorsque quatre ou cinq jours après, nous apprîmes les évènemens de Paris! La violence qu'on m'avait faite au spectacle, à Brest, coïncidait avec celle qu'on faisait à la Convention le même jour à Paris : nous n'étions instruits de rien, rien n'avait transpiré; les factieux de Brest savaient au contraire tout ce qui se passait, et on ne peut pas douter que, si ceux de Paris eussent réussi, la catastrophe anarchique n'eût été répétée à Brest. Les menaces qu'ils m'avaient faites ne nous permirent pas de douter de leur intelligence avec ceux de Paris.

Mes collègues Palasne-Champeaux et Topsent prirent des mesures efficaces pour prévenir toute tentative ultérieure; elles devinrent heureusement inutiles par la victoire remportée à Paris sur la folie et le crime, par la raison et la justice.

Un fait d'un autre caractère me donna, à peu près dans le même tems, l'heureuse occasion de rétablir à Brest l'honneur de la justice nationale et celui du droit des gens, évidemment violés envers deux officiers de la marine anglaise.

L'un était M. Rodney, neveu de l'Amiral de ce nom et Capitaine du vaisseau l'*Alexander* de soixante à soixante-dix canons, qui avait été pris quelques jours avant mon arrivée à Brest; l'autre était le Major de ce même vaisseau. On les avait l'un et l'autre enfermés dans le bagne, qui est la demeure des forçats ou galériens, au lieu de les recevoir prisonniers sur leur parole, comme c'est d'usage, en pareil cas, entre nations civilisées : cette circonstance seule rendait le procédé odieux; et c'est ce qui m'empêche de nommer ceux qui s'en rendirent coupables.

Depuis lors M. Rodney réclamait envain contre cet injurieux procédé, pour lui , pour ses officiers et son équipage : les Représentans Champeaux et Topsent , quoique bien convaincus de l'abus dont on se plaignait , n'osaient pas le réparer pour ne pas avouer le tort de leurs prédécesseurs qui l'avaient commis.

C'est dans ces entrefaites que j'arrivai à Brest , et dès le lendemain je reçus une note de M. le Capitaine Rodney : je n'avais aucun pouvoir sur l'administration locale du port , je n'en avais que pour tout ce qui était relatif à ma mission , je ne pouvais donc rien personnellement ; mais cette violation de procédés me blessait d'autant plus qu'il nous restait bien peu à perdre à cet égard, et qu'il s'agissait d'Officiers anglais, qui intéressent toujours, dans leurs procédés , l'honneur national et l'honneur particulier.

6*

Je vis mes Collègues, et je n'eus pas de peine à les faire revenir de leur préjugé, relativement aux auteurs de ce procédé ; ils sentirent facilement, que mieux instruits ou en y réfléchissant, et pour les Officiers français même, il fallait donner à M. Rodney et à ses Officiers la ville pour prison. Cela fut fait sur-le-champ ; d'ailleurs il existait une négociation entre les deux Gouvernemens, pour leur échange, qui eut lieu peu de jours après.

M. le Capitaine Rodney et son Major, crurent nous devoir une visite pour cet acte naturel de justice : ils se présentèrent d'abord chez mes collègues Champeaux et Topsent, qui, cédant à l'impulsion du moment et affectant une austérité républicaine, qui suffirait seule pour en dégoûter à jamais, mais d'après laquelle on mesurait le patriotisme à cette époque, ne daignèrent pas se lever de leur bureau, et n'offrirent pas de siége à ces Messieurs.

Palasne-Champeaux était cependant instruit et Sénéchal à Saint-Brieux ; il avait reçu une éducation qui devait le mettre au-dessus de l'emprunt de ces formes rustiques ; mais beaucoup de personnes qui les désaprouvaient, en faisaient usage , cependant quelquefois par calcul ou par peur ; indépendamment de cela , Champeaux était Breton , et les Anglais et les Bretons français sont sans cérémonie entre eux.

En sortant de là , M. Rodney et son Major vinrent chez moi'; je savais déjà comment ils avaient été reçus chez mes Collègues : à mes manières habituelles se joignait le désir de leur faire oublier ce qui venait de se passer. Si , comme on l'a dit , la politesse est quelquefois une fausse monnaie , je déclare qu'à mes yeux son aloi est préférable , dans tous les cas et dans tous les tems , à la brutale rusticité qui ne met en place que la peur ou le dégoût ; j'avais en outre la dignité nationale à maintenir. ou à venger, et, quelqu'indigne que j'en fusse, je le devais et je l'entrepris.

Je me levai à leur arrivée , comme cela se pratique toujours en pareil cas, à moins d'une grande infériorité ; je leur fis offrir des siéges , et je ne pris place que quand eux-mêmes furent assis. Ils s'étaient attendus à une réception pareille à celle qu'ils venaient de subir , et ils pensaient que le niveau de l'égalité allait encore tomber lourdement de mes mains sur leur tête : ils se regardaient d'étonnement et parurent indécis ; cependant, comme je ne m'asseyais pas, ils prirent le parti de s'asseoir, et nous voilà à nous regarder.

Comment se tirer de là ? qui commencera ? c'était évidemment à moi. Je lis et traduis passablement l'anglais, mais le parler, c'est autre chose, je m'y suis pris trop tard ; d'ailleurs la prononciation se prend par l'oreille et l'habitude et non par la conception ni par les yeux ; les figures n'y font rien ; je n'ai vécu ni en Angleterre ni avec les Anglais, ainsi je ne sais pas parler cette langue.

Quoi qu'il en soit, je fus assez sot pour hasarder un début de conversation en anglais ; je prolongerais trop cette anecdote si je répétais ce que je dis ou ce que je voulais dire : en deux mots, je voulais réhabiliter la politesse française, et j'exprimais ensuite mes vœux pour que les deux nations, faites pour s'estimer, cessassent de se haïr et de se combattre.

Le flegme anglais ne tint pas à cette communication inattendue dans sa propre langue, et je vis le *God-dam* sur les lèvres du noble Lord : le sentiment fut plus fort que la morgue nationale , c'est l'endroit faible de la loyauté et de la franchise.

M le Capitaine Rodney me répondit longuement, et, à ce qu'il me paraissait, avec une telle volubilité , que j'entendis à peine quelques mots de sa réponse ; il n'entendait pas lui-même le français. Heureusement M. le major parlait cette langue beaucoup mieux que je ne parlais la sienne ; je lui exposai ma témérité et mon embarras, il en fit part à M. le Capitaine qui sourit et dont la réponse me fut traduite par M. le Major avec une complaisance et une politesse admirables. Ils me demandèrent à voir le jardin du Gouvernement , qui donne sur le Champ-de-Mars et qui est fort beau ; ils en firent l'éloge ainsi que des bâtimens qui ferment la place. Ils ne parlaient de la rade et du port de Brest qu'avec admiration , en disant que c'était la plus belle chose de l'Europe : enfin nous rentrâmes dans ma chambre, et , après un moment de repos , quand ils me quittèrent et que je me mis en devoir de les reconduire , ce fut un nouvel étonnement , ils ne le voulaient pas, mais je les reconduisis jusque sur l'escalier , et comme ils descendaient, je vis des signes de surprise et de grâces qui m'étonnaient moi-même, et auxquels cependant je n'étais pas fâché de donner lieu.

On a eu raison de dire que la vie est une comédie; mais quand on est sur le théâtre il faut jouer son rôle de son mieux , ou rester dans la coulisse. Peu d'acteurs , en sortant de la scène , peuvent, comme Auguste , jouir de leur propre témoignage et de celui des spectateurs ; mais le souvenir de son début ne devait-il pas troubler un peu cette jouissance ?

Le lendemain M. le Major me fit une seconde visite en son nom et en celui de M. le Capitaine Rodney; il s'était aperçu que j'avais remarqué leur étonnement et il m'en expliqua la cause avec beaucoup de franchise.

L'opinion publique en Angleterre, était que tout ce qui composait la Convention nationale , en général , n'avait ni éducation ni usage, et que ceux qui , par exception , en avaient reçu , les avaient abjurés.

Je fis ce que je pus pour rectifier leur opinion, mais je n'y réussis pas, ils en avaient trop vu et trop éprouvé. J'ai lu, quelque teins après dans un papier Anglais , que mes procédés étaient cités comme une exception à la règle générale de ces tems-là en France; mais ce jugement n'était pas juste, malgré les motifs que ces messieurs avaient de se plaindre ; ils ont jugé sur un fait détruit par un autre fait, ainsi la compensation devait atténuer la sévérité de leur jugement. Deux jours après, M. le Major me fit l'honneur de venir encore chez moi , pour me faire part de leur échange et de leur départ : j'allai une heure après leur souhaiter un bon voyage.

Je ne veux pas sortir de Brest sans faire part encore d'une autre anecdote assez singulière. Il s'agit d'un Saint ; mon intention n'est pas de scandaliser les uns , ni de fournir aux autres des réflexions impies : « Il fallait donc vous taire , me dira-t-on peut-être ; pourquoi parler d'un Saint qui est l'objet d'un culte public ? »

Eh bien ! j'aurai le courage de le dire : le

culte de ce Saint est un outrage à l'honnê-
teté publique , à la décence et à la pureté
évangélique; il n'est donc pas de la religion ;
c'est une superstition monstrueuse.

Quel est donc ce Saint? Ce n'est ni dans
Fréret, ni dans Voltaire que j'en ai lu le nom
et les attributs; je l'ai vu de mes yeux, je l'ai
touché de mes mains, ainsi que cinq à six
personnes présentes avec moi.

Au fond du port de Brest , au-delà des
fortifications, en remontant la rivière, il existait une chapelle, auprès d'une fontaine et
d'un petit bois qui couvre la colline, et dans
cette chapelle était une statue en pierre, ho-
noré du nom de Saint.

Si la décence permettait de décrire Priape,
avec ses indécens attributs, je peindrais cette
statue.

Lorsque je l'ai vue , la chapelle était à
moitié démolie et découverte, la statue en
dehors étendue par terre et sans être brisée ,
de sorte qu'elle existait en entier et même
avec des réparations modernes, qui me la
firent paraître encore plus scandaleuse.

Les femmes stériles ou qui craignaient de

l'être, allaient à cette statue , et , après avoir
gratté ou raclé ce que je n'ose nommer , et bu
cette poudre infusée dans un verre d'eau de la
fontaine , ces femmes s'en retournaient avec
l'espoir de devenir fertiles

Le christianisme , si pur, a-t-il encore besoin de ces sortes d'emprunts qu'il fait quelquefois au paganisme ; et pourquoi tant de ministres de ce culte divin, qui avouent et re-
connaissent l'abus superstitieux de ces sortes
de pélerinages , compriment-ils la vérité ? J'ai
entendu beaucoup d'Evêques et sur-tout beaucoup de Curés , gémir sur les abus et les dangers des pélerinages , qui éloignaient les fidèles de leurs paroisses et les jeunes personnes
des yeux de leur pasteur. Pourquoi donc se
taisent-ils ? Est-ce parce que l'incrédulité ou
l'impiété ont elles-mêmes abusé de l'avantage
qu'elles croyaient trouver dans leurs remarques
à cet égard ? Ministres sacrés , éclairez les
peuples, parlez-leur vous-mêmes le langage de
la vérité, devancez vos ennemis, dans le che-
min de la raison ; prévenez-les désarmez-les,
l'opinion publique vous attend et alors l'incrédulité sera forcée de rendre hommage à votre

doctrine ; loin d'étendre son empire , vous le détruirez.

Je reprends mon récit sur l'objet de mon voyage à Brest.

La réponse de M. Conscience ne calma pas le zèle impatient des Généraux de terre et de mer, ni la mienne : elle accrut au contraire notre indignation et notre courage. Mais que faire ? Quels moyens employer ?

Tout était prêt à Rochefort, comme je l'ai déjà dit, et , à l'argent près, tout était bien avancé aussi à Brest depuis mon arrivée. Les provisions personnelles de la Commission pour trois ans , les voitures et tous les accessoires, les présens destinés à Tipoo-Saëb, j'avais fait transporter tout à Brest. Les vivres et l'armement de l'expédition , tout était aussi terminé et déjà j'avais couché en rade; mais nous ne pouvions pas aller dans l'Inde sans argent ; à l'Ile-de-France on avait eu recours à un papier - monnaie colonial , et nous y étions attendus avec impatience pour retirer le papier qui , ne pouvant pas sortir de la Colonie , suspendait tout son commerce ; il fallait des piastres-gourdes, et nos relations avec l'Espagne n'étaient pas de nature à faciliter l'opération nécessaire pour cela. Cependant avec la bonne volonté et un peu d'activité , toutes les difficultés auraient pu être vaincues en peu de tems.

M. Gouly , Député de l'Ile-de-France à la Convention , était resté à Paris et ne négligeait rien pour accélérer notre départ. MM. Barras et Letourneur , qui m'avaient laissé le soin de tous les préparatifs , s'occupaient en attendant , le premier , de l'arrivage des subsistances à Paris , et le second était allé courir dans le département des Bouches-du-Rhône pour le même objet ; nous correspondions cependant , et je les tenais au courant de tout ce qui nous était commun ; mais j'agissais seul à cet égard et mes collègues ne me secondaient que bien imparfaitement.

Je voulus voir par mes yeux ; les Généraux approuvèrent et pressèrent mon départ, et j'arrivai à Paris , ne pensant qu'à l'objet de mon voyage et aux moyens de le faire réussir malgré l'intrigue.

Mais elle avait prévalu ; les Anglais étaient

en mer, ils filaient dans l'Inde, et le contre-Amiral Vence était bloqué à Belle-Ile. Le Comité, en me faisant part de ces faits que je savais aussi-bien que lui, faisait montre d'une assez bonne volonté et de regrets de ce qu'on avait perdu un tems si long et si précieux ; mais je n'étais pas dupe de cette belle apparence ; je cherchais à remonter jusqu'au fil de l'intrigue, et déjà j'en tenais le bout, lorsque des événemens d'une plus grande importance emportèrent dans leur tourbillon mes projets, mes combinaisons et notre expédition.

La fameuse Constitution directoriale était décrétée et envoyée à l'acceptation du peuple ; les sections de Paris n'approuvaient pas quelques décrets qu'on avait faits depuis cet envoi, et même depuis l'acceptation dans une grande partie de la France ; elles menaçaient d'en empêcher l'exécution par la force, et la fermentation était extrême.

D'un autre côté les places directoriales étaient l'objet de l'ambition de plusieurs, et la terrible journée du 13 Vendémiaire ayant décidé la question, mes collègues Barras et

Letourneur les préférèrent à notre mission.

Ainsi finit l'un des plus beaux et des plus utiles projets qui aient été conçus pendant la révolution. Le sort me plaça au Conseil des Anciens.

Quelque tems après, le Directoire exécutif reprenant les erremens de cette Commission, la fit exécuter en partie, non pour répondre à l'appel de Tipoo-Saëb, mais pour révolutionner les Iles de France et de Bourbon : on sait assez de quels hommes il se servit et quelle fut l'issue de cette opération insensée ; la colonie se révolta, les Commissaires furent arrêtés et déportés. J'ai su pourtant que, pour consoler Tipoo-Saëb de l'inexécution des belles promesses qu'on lui avait faites, on avait créé auprès de lui un bon Club de Jacobins ; mais les Anglais ne craignent pas les Clubs.

SUR

LE TRIBUNAL RÉVOLUTIONNAIRE.

Notre Histoire observe que celui qui construisit la Bastille y fut enfermé, et que celui qui fit planter les fourches patibulaires de Montfaucon y fut attaché; elle observera aussi que ceux qui, de nos jours, ont fait ériger l'affreux Tribunal de sang, qui fut appelé *Tribunal révolutionnaire*, ont tous péri aussi sous le fer tranchant de ses jugemens; mais ce que plusieurs personnes ignorent ou ne se rappellent pas peut-être, c'est que ce ne furent ni Roberspierre, ni Marat, ni leurs partisans, mais le seul parti de la Gironde qui proposa cette homicide institution.

Ce parti, après avoir violé les premières garanties, dans l'Assemblée législative, qui avait succédé à l'Assemblée constituante, ne s'apperçut de sa funeste erreur que quand la même violation menaça de l'atteindre ; alors il voulut faire un pas rétrograde , mais le mouvement était donné, les préventions , les jalousies et les haines étaient établies , et ses ennemis n'étaient ni tentés , ni capables d'abjurer des sentimens auxquels les Girondins s'étaient eux-mêmes trop livrés , et auxquels l'indignation les portait peut-être encore avec trop peu de mesure.

Après les atroces journées des 2 et 3 septembre 1792 , il n'y avait point de transaction sans doute à faire avec les horribles cannibales qui les commandèrent et les exécutèrent , et le silence sur les provocations journalièrement sanguinaires du frénétique Marat et de ses sectateurs furieux eût été une complicité réelle : toutes les âmes généreuses en eurent horreur , et il fallait bien venger sans doute la nature et les lois outragées.

Aussi la Convention nationale , cette assemblée que l'on ne peut pas justifier sur tant et de si pénibles événemens , mais dont la position aussi n'est peut-être pas assez bien appréciée , se mit - elle en devoir , peu de jours

après son installation, de rechercher les abominables auteurs de tant d'assassinats, pour les
punir, et de prévenir les effets et les progrès
de la doctrine homicide de Marat.

Elle créa une Commission de neuf membres
pour le premier objet, et pour le second, elle
décréta Marat d'accusation.

L'impartialité historique dira comment cette
Commission fut dispersée par la violence, dirigée par la plus atroce Municipalité, sans
que les habitans de Paris, qui avaient vu de
sang-froid commettre ces meurtres inouis,
eussent fait un seul mouvement pour seconder
l'exécution de la loi, qui les appelait à son
secours, ainsi que la Convention.

La même histoire dira aussi que Marat fut
acquitté et ramené triomphant à l'Assemblée;
j'avais prévu ce dernier résultat, et avant l'accusation de Marat, j'avais demandé si l'on était
bien assuré de la moralité des jurés et des
juges, parce qu'il était évident que, s'il était
acquitté, son influence n'en deviendrait que
plus grande et plus dangereuse.

Il est moralement certain que, si l'Assemblée eût réussi dans son projet entrepris de

punir les meurtriers des horribles journées des 2 et 3 septembre, sa carrière ouverte sous des auspices aussi favorables se serait soutenue dans cette direction équitable ; d'abord elle eût été le gage de ses principes et de ses intentions, et l'engagement de ne pas en devier : en second lieu, l'instruction criminelle ayant atteint les auteurs, fauteurs et complices de ces crimes, en eût nécessairement délivré la société, et ils n'y seraient pas restés pour chercher, dans une série incroyable d'autres crimes, l'impunité des premiers : en troisième lieu, l'exemple eût comprimé ceux qui auraient été tentés de les imiter.

Mais, au lieu de ces résultats nécessaires du juste courage de la Convention, qu'est-il arrivé ? Abandonnée à elle-même, sans appui, et livrée aux assassins qu'elle avait voulu punir, il ne lui restait déjà plus à cette époque que deux partis à prendre, celui de quitter son poste, chacun de ses membres retournant chez soi, ou celui d'essayer encore ses forces contre l'anarchie victorieuse.

Quitter son poste, eût été le plus grand des crimes, puisque c'était couronner l'anarchie,

7 *

et lui céder , sans une défense suffisante , la proie qu'elle voulait dévorer.

Essayer encore ses forces ; assurément la Convention l'a fait, et l'histoire ne lira pas , sans quelque admiration sa lutte courageuse jusqu'aux journées des 31 mai et 2 juin 1793 , où elle fut décimée , non-seulement aux yeux impassibles de tout Paris, mais par le concours de ses sections mêmes, qui vinrent en armes l'investir dans le lieu de ses séances.

Ce second triomphe de l'anarchie, qui coûta la vie aux vingt-deux Députés les plus éloquens et les plus courageux, et qui opéra la proscription de soixante-treize autres, ne laissa plus à l'homme de bien que la ressource de s'envelopper dans son manteau et d'attendre la cessation du mal de sa violence même. On sait comment, à dater de cette époque , la France fut comprimée , et comment elle vit éclore les comités révolutionnaires.

Voilà , voilà les pages que la Convention nationale voudrait pouvoir arracher de sa sanglante histoire ! Mais elle n'était plus elle-même ; ce n'était plus la Convention , c'était ses oppresseurs auxquels Paris et toute la France l'avaient abandonnée

On m'observera peut-être, et avec quelque raison, qu'avant aucune des violences faites à la Convention nationale, elle avait elle-même commis la plus grande de toutes envers l'opinion publique, en décrétant l'abolition de la royauté, et en instituant la république sans discussion ni délibération, et intermédiairement le plus grand des crimes le 21 janvier 1793.

En supposant que l'abolition de la royauté puisse convenir à nos mœurs, à nos usages et au gouvernement d'une grande population, ce que l'on ne peut croire, il est évident que la chose méritait bien au moins la peine d'une démonstration, afin de convaincre ceux qui avaient et qui ont conservé avec raison une opinion contraire; mais quelle démonstration eussent pu faire les fondateurs de cette prétendue république, quand eux-mêmes n'avaient peut-être d'autre conviction de sa possibilité que la jouissance du pouvoir?

Trop inexperts et trop imprévoyans, ils ne se doutèrent même pas que ce pouvoir serait, entre leurs mains, inhabiles ou violentes, une éternelle pierre d'achoppement.

Mais cette inexpérience et cette imprévoyance, trop faites assurément pour éloigner la confiance et la considération sans lesquelles il n'y a point d'hommes publics vraiment utiles, ne seraient pas des crimes si l'orgueil du pouvoir et l'intérêt personnel ne s'y ralliaient pas sans mesure, et n'entraînaient les dépositaires fugitifs de ce pouvoir à tous les excès dont il est susceptible.

Mais une cause qui produit de pareils effets, si elle n'est pas criminelle, n'est-elle pas au moins bien funeste? Quel intérêt le peuple peut-il avoir à la défendre? Que pourrait faire de plus le despotisme le plus absolu? C'est à notre histoire que j'en appelle; je l'ai déjà dit: il n'y a point de républicains, et par conséquent point de république. Je dois donc avouer le reproche fait à la Convention, et qu'elle démérita réellement de l'opinion et de la confiance publiques en décrétant une chose physiquement impossible, et qui fuit même sous les calculs de la spéculation. Je fais l'aveu de cette faute, parce que j'y ai eu ma bonne part, et qu'elle fut celle de toute l'Assemblée.

Quant au crime du 21 janvier, sans doute il est sans mesure; mais indépendamment de

ce qu'il n'est pas celui de la Convention en-
tière, il m'est démontré que si cette assemblée
était sortie victorieuse de sa première attaque
contre le crime, jamais celui du 21 janvier
n'eût été commis. Je ne veux pas justifier les
coupables, cela n'est pas possible, mais j'en
appelle à ceux qui connaissent le cœur humain, j'en appelle aux faits de ces tems malheureux, j'en appelle à la trop puissante influence de la peur qui égara tant de cœurs
et tant de jugemens : les provocateurs du ré-
gicide, ceux qui en poursuivaient l'exécution
le poignard à la main, n'étaient-ils pas tous
les septembriseurs, acteurs ou complices de
ces affreuses journées?

Je borne là ces observations digressives, et
je reviens à la création du Tribunal révolutionnaire.

Les Girondins avaient porté des atteintes
trop outrées au trône constitutionnel et à la
royauté prise dans son acception antérieure,
pour trouver dans ce parti des appuis de bonne
foi pour le succès de leurs attaques contre l'a-
narchie, quelque courageuses qu'elles fussent;
ils avaient trop prouvé, et ils mettaient encore

trop toute leur gloire à prouver que ce parti n'était pas le leur, pour qu'on s'y intéressât efficacement à leur procurer une victoire dans laquelle on ne voyait que le choix d'un moindre mal; et quoique l'opinion des royalistes en fût réduite à ces termes, à leur égard, elle leur a fait néanmoins commettre, par la confiance de l'amour-propre flatté, plusieurs démarches qui ne justifiaient pas sans doute les accusations de leurs adversaires, mais qui autorisaient le soupçon.

D'une autre part, ils ne voyaient eux-mêmes que le parti prétendu du Duc d'Orléans dans les excès de la Commune de Paris et des Montagnards de la Convention ; et ceux-ci, à leur tour, ne voyaient ou feignaient ne voir que le royalisme pur dans l'opposition à leur système et à leurs fureurs.

Il est résulté de cet état de choses que, placés entre deux partis, entre le royalisme, dont je viens de peindre les dispositions à leur égard, et entre l'anarchie sans pitié et sans frein, ils crurent trouver le salut public et le leur dans le moyen terme horrible du Tribunal révolutionnaire.

Pour se justifier de l'accusation de royalisme et sur-tout pour barrer les projets prétendus du Duc d'Orléans, ils proposèrent la peine de mort tant contre les provocateurs à la royauté que contre ceux de l'anarchie, et, à cet effet, l'institution de ce monstrueux Tribunal.

Leurs adversaires, poussés par là dans leurs derniers retranchemens, et ne pouvant plus motiver leurs inquiétudes et leurs agitations sur leur crainte plus supposée peut-être que réelle de la royauté, imaginèrent un autre délit révolutionnaire bien plus vague et plus indéterminé ; ils demandèrent également la peine de mort contre le fédéralisme ; ce qui fut aussi décrété.

Les bornes, déjà trop étendues de cette anecdote, ne comportent pas les détails épouvantables auxquels ces accusations ont donné lieu, les Girondins en ont été les premières victimes ; leur procès est dans les mains de tout le monde, et on ne peut comparer l'acharnement de leurs accusateurs qu'à la rage des témoins et à la férocité des jurés et des juges.

Quoi qu'il en soit, et quelque multipliées

que fussent les victimes de cette boucherie d'hommes, quelque profonde que fût la douleur que j'éprouvais chaque jour en lisant dans les feuilles publiques la liste effrayante de ces victimes, je ne sais par quelle stupeur, voisine de l'anéantissement, je ne pouvais me former une idée de l'esprit et du mécanisme de cet exécrable tribunal ; enfin une circonstance malheureuse m'y appela, et j'ai vu de mes yeux les horreurs que je vais raconter.

M. Gossin, après avoir quitté l'Assemblée constituante, était devenu Procureur-général-Syndic du département de la Meuse, et il en exerçait les fonctions lors de l'invasion du Roi de Prusse en 1792.

La ville de Verdun ayant capitulé, ce Prince fit ordonner au Procureur-général-Syndic de se rendre sur-le-champ dans cette ville , sous peine d'exécution militaire contre lui, ses biens et la ville de Bar-le-Duc , siége du département.

M. Gossin ne voulait pas déférer aux ordres du Roi de Prusse, il voulait se retirer sur Paris ; mais les habitans, et sur-tout les négocians , craignant l'exécution des menaces du Roi de

Prusse, vainquirent la répugnance de M. Gossin, en lui observant que son premier devoir
était de se dévouer pour ses concitoyens.

Gossin se dévoua donc, il suffisait de lui
en avoir présenté l'idée. A Verdun, on lui ordonna de faire pour le service de l'armée Prussienne, dans le département, des requisitions
en vivres et en fourrages.

Il répondit, avec un courage que ses accusateurs n'auraient pas eu, qu'il n'obéissait
qu'aux lois de son pays et aux ordres de son
Roi, et qu'étant contre sa volonté entre les
mains du Roi de Prusse et hors du siége de
son administration, il ne ferait aucun acte
contraire à son devoir et à ses principes. En
conséquence il refusa d'obéir; mais on le retint prisonnier à Verdun.

Lorsque l'Assemblée législative apprit la
capitulation de Verdun et le voyage de Gossin,
les Girondins, qui dominaient alors dans cette
assemblée, et qui, par leur opiniâtre crédulité,
dans un rapport mensonger, avaient livré cette
frontière sans moyens de défense, accusèrent de
trahison les habitans de Verdun, qu'ils avaient
eux-mêmes trahis, et elle demanda le décret

d'accusation, qu'ils obtinrent, contre Gossin, sans qu'aucune voix s'élevât contre cette mesure inique. Les députés même de ce département abandonnèrent lâchement leurs concitoyens à ces dangereuses accusations.

Le Tribunal Révolutionnaire n'existait pas alors ; mais son digne prédécesseur, la Haute-Cour nationale existait à Orléans.

Après la retraite du Roi de Prusse, la Haute-Cour n'existant plus, Gossin crut devoir ne pas obéir, dans ce moment, au décret d'accusation, il se tint caché dans l'attente d'un jour plus heureux et du retour de la justice.

Ce retour tardant trop au gré de ses désirs, comme de ceux de tous les bons citoyens, il fit solliciter, au Comité de législation de la Convention nationale, l'examen et le rapport de son affaire.

Plusieurs Membres de cette Assemblée avaient siégé à la Constituante et connaissaient Gossin ; l'intérêt qu'ils apportèrent à sa demande et celui qu'inspirait son estimable épouse préparèrent favorablement le Comité. Sa réclamation était juste ; mais à cette époque le courage d'être juste n'était pas donné à tout le monde , les Comités se craignaient mutuellement , et la crainte du Comité de Salut-Public dominait par-dessus tout.

Cependant le rapporteur, M. Bezart , encouragé, premièrement, par sa conviction personnelle , et ensuite par nos sollicitations et les assurances que nous lui donnâmes tous de l'appuyer à la tribune , après l'exposé justificatif des faits et de la conduite de Gossin , demanda que le décret d'accusation fût rapporté.

Une seule voix s'éleva contre cette juste demande , ce fut celle de Charlier , député du département de la Marne ; il dit que pour l'honneur de l'Assemblée qui avait décrété Gossin , il devait être jugé ; qu'il n'entendait rien préjuger contre lui par cette observation ; mais que la Convention nationale n'était pas un tribunal , et qu'en conséquence il demandait que Gossin fût renvoyé devant le Tribunal révolutionnaire.

Je ne puis m'empêcher d'observer ici , en passant, que dans une autre circonstance bien plus importante, Charlier avait soutenu que la Convention réunissait tous les pouvoirs et

qu'elle était essentiellement le premier tribunal.

Quoi qu'il en soit , personne ne se mettant
en devoir de lui répondre , j'entrepris de le
faire : comme témoin oculaire des faits , je
les retraçai succintement à la Convention , et
je lui fis observer que l'honneur de l'Assemblée , qui avait lancé le décret, loin d'être
atteint par la demande du rapport de ce décret , en serait au contraire réhabilité , puisqu'il était constant, par les faits , qu'il avait
été surpris; que cette assemblée elle-même,
mieux instruite, n'eût pas rendu son décret
ou se serait empressée de le rapporter, et que
la Convention tenant sa place devait faire pour
l'honneur de toutes deux ce que la première
eût fait ou dû faire.

Mais je parlai dans le désert , on m'écouta;
mais je ne fut point secondé , et l'opinion d'un
seul membre de la Montagne prévalut sur
le rapport d'un Comité entier; Gossin fut renvoyé devant le Tribunal révolutionnaire. Ce
fait isolé prouverait quel était alors l'état de
cette malheureuse Assemblée. Mais combien
j'en pourrias citer d'autres !

Si un ou deux d'entre ceux qui avaient promis d'appuyer le rapporteur eussent tenu leur parole et m'eussent secondé , nous l'emportions assurément; mais je fus abandonné avec lui. Il partagea bien sincèrement notre dépit , comme il le fit voir dans la suite de cette monstrueuse affaire.

L'implacable Charlier s'est fait justice depuis, il s'est brûlé la cervelle.

A l'époque de ce rapport, les événemens se pressaient avec une intensité qui annonçait une catastrophe prochaine; leur choc, par conséquent, n'en pouvait être que plus dangereux, et mon opinion était que Gossin en attendît les résultats dans sa retraite.

Mais deux de ses anciens collègues à l'Assemblée constituante, et tous deux membres du Comité de Salut-Public à l'époque dont je parle, furent d'un avis contraire , et conseillèrent à son épouse affligée de le faire paraître; un d'eux lui dit ces mots remarquables....: « Comment pouvez-vous craindre ? « d'après le rapport , j'irais au Tribunal pour « lui, si cela pouvait se faire. »

Elle craignait de les indisposer en ne déférant pas à leur conseil ; elle m'avoua ses inquiétudes à cet égard. Nous tremblions tous pour les suites s'ils paraissait devant l'affreux tribunal ; mais malgré cela nous n'insistâmes plus sur notre opposition, et nous ne dîmes plus rien, ni pour ni contre ce parti, surtout quand ils eurent assuré qu'ils nous seconderaient auprès du Tribunal ; en conséquence elle partit et l'amena peu de jours après à Paris.

Il fit une faute inconcevable avant de partir, il se remit entre les mains de la Gendarmerie ; nous ne fûmes plus maîtres de sa destinée, les Gendarmes durent le remettre entre les mains de ses assassins.

Je le vis immédiatement après son arrivée, et je fus saisi d'un invincible et funeste pressentiment en voyant un Gendarme dans sa chambre, mais le mal était irréparable ; le lendemain il fut déposé à la Conciergerie.

Peu de jours après il fut mis en jugement. Je ne l'abandonnai pas ; nous étions nés dans le même lieu, ne différens d'âge que par une année, compagnons d'étude et liés jusqu'à l'époque de la révolution par les mêmes goûts. A cette époque un nuage avait un peu obs

curci nos rapports ; mais que les torts d'un
ami malheureux sont faibles auprès de trente
années d'amitié et plus ! Comme ils furent
oubliés dans notre premier embrassement !
Cependant , je le répète, une oppression in -
vincible m'accablait : son absence seule eût pu
m'en délivrer , je le sentais, mais cela n'était
plus possible.

Enfin, au jour indiqué pour le jugement ,
j'allai au Tribunal. M. Ramel, qui depuis a
été Ministre des Finances, et M. Pemartin ,
Membre du Corps législatif actuel, et tous deux
Membres de la Convention après l'avoir été
de l'Assemblée constituante , eurent aussi le
généreux courage d'y venir. M. Bezart, Rapporteur, y vint aussi. Leur présence n'ayant pour
objet que de témoigner l'intérêt qu'ils pre-
naient à la réclamation juste et au sort de l'infortuné Gossin , ils se placèrent près de la
barrière du parquet, en dehors, et moi, comme
témoin, je fus introduit, en dedans. J'étais assis
au-dessous du banc des jurés, en face des accusés; ils étaient quarante-deux ou quarante-trois,
réunis là de tous les points de la France, sans
se connaître, sans s'être jamais vus, et con-

fondus dans la même accusation ; du nombre étaient trois dames de la famille de Noailles. Gossin était au dernier rang des accusés , en bas du gradin sur lequel ils étaient tous assis Avant d'en venir à lui , le président du Tribunal commença ainsi son horrible ministère :

A madame de Noailles..... « Tu étais de « la conspiration du Luxembourg. »

Madame de Noailles, portant un acoustique à son oreille....: « Citoyen Président , je suis « extrêmement sourde, je n'ai pas entendu. »

Le Président , d'une voix grossièrement et ironiquement élevée....: « Tu conspirais donc « sourdement. » Ris affreux des autres Juges et des Jurés ; puis, reprenant la parole encore plus haut.... : « Tu étais de la conspiration « du Luxembourg. »

Réponse..... « Citoyen Président, lorsque « nous avons été arrêtées , il y avait six se- « maines que Dillon , que l'on disait le chef « de cette conspiration , avait péri sous le « glaive de la loi. »

Demande.... « Mais tu connaissais les femmes « Levi? »

Réponse..... « Citoyen Président, lorsque nous
« étions dans le monde, nous n'étions pas de
« la société des citoyennes Levi ; mais lorsque
« nous avons été conduites au Luxembourg,
« soit intérêt ou curiosité, les citoyennes Levi
« sont venues nous voir, et nous leur avons
« rendu leur visite. »

Le Président à l'Accusée.... : « Silence ,
« en voilà assez..... Puis aux Jurés.....Ci-
« toyens Jurés, vous avez entendu, que l'Ac-
« cusée de son propre aveu , connaissait les
« femmes Levi : les femmes Levi étaient de la
« conspiration et ont porté leur tête coupable
« sur l'échafaud ; donc...... »

Le monstre s'en tint à cette suspension assez
indicative de sa conclusion ; on verra dans
un instant quelle en fut la conséquence.
Après avoir interrogé sur le même ton plusieurs autres Accusés , il arriva à un jeune
homme d'environ seize à dix-sept ans qui était
Commissionnaire à la porte du Luxembourg.

Je vais aussi rendre mot à mot ce que j'ai
entendu.

Le Président....: « Tu as porté la corres-
« pondance des Conspirateurs..... »

L'Accusé. . . . : « Citoyen Président , j'étais
« Commissionnaire à la porte du Luxembourg,
« mon état était de porter des lettres comme
« tout autre chose ; si on ne voulait pas que je
« le fisse, il fallait me le défendre et me ren-
« voyer, je me serais retiré. »

Le Président. . . . . : « Tu as reçu un assignat
« de quinze sous pour porter cette lettre. »

Puis, en montrant aux Jurés une lettre qu'il
tenait dans sa main et qui ne fut point lue, il
leur dit . . . . : « Citoyens Jurés , cette lettre
« est cette criminelle : . . . . .

Les Jurés. . . . : Oui , oui, nous savons. »

L'Accusé. . . : « Citoyen Président , je ne
« savais pas ce que contenait cette lettre. »

Le Président. . . . : « Pourquoi ne l'as-tu
« pas portée au Comité révolutionnaire de
« la section ou au Comité de Sûreté géné-
« rale? »

L'Accusé. . . . : « Je devais la porter à son
« adresse , c'était mon devoir, et j'étais payé
« pour cela. »

Le Président. . . . : « Tu as donc reçu l'assi-
« gnat de quinze sous ? »

L'Accusé. . . : « Oui , Citoyen Président. »

Le Président..... C'est assez. Citoyens Ju-
« rés, vous avez entendu. ».

Les Jurés....: « Oui, oui. »

Vint ensuite le tour d'une fille de campagne
du département du Doubs, accusée d'avoir
porté des lettres à des émigrés dans un bois
limitrophe de la Suisse.

Le Président...: « N'était-ce point avec votre
« amant que vous aviez des rendez-vous dans
» le bois? »

Plusieurs Juges et plusieurs Jurés...: « Dites
« donc oui. »

La jeune fille, décontenancée, regardait tout
le monde avec un air qui signifiait que sa conscience n'était pas d'accord avec l'interroga-
toire du Président, et qu'elle craignait autant
de compromettre sa pudeur que sa vie; tenue
en suspens par les réflexions qu'elle faisait sans
doute là-dessus, elle ne répondait rien.

Le Président....: « Citoyens Jurés, la pu-
« deur ne permet pas à l'accusée de faire un
« aveu conforme à la vérité, et son silence fait
« son éloge. »

Un Juré à l'Accusée....: La nature et la
« société ne défendent pas le sentiment qui

« vous a fait agir : pourquoi craignez-vous
« d'en faire l'aveu quand votre vie en dé-
« pend ? »

L'Accusée.... : « Eh bien! oui, Citoyens. »

Le Président.... : Cet aveu était donc bien
« difficile ? Vous l'avez entendu, Citoyens Ju-
« rés. »

Les Jurés.. . : « Oui, oui. »

Après cette Accusée passa un marchand
de bœufs, accusé d'en avoir enlevé trois dans
un parc destiné au service de la République,
dans la Vendée, mais qui était recommandé
comme un chaud patriote et un ardent dénon-
ciateur des Aristocrates.

Le Président.... : « Où conduisiez-vous les
« bœufs avec lesquels vous avez été arrêté ? »

L'Accusé.... : « Je les reconduisais au parc
« d'où ils s'étaient échappés. »

Le Président.... : « Votre intention n'était
« donc pas de les dérober comme on vous en
« accuse ? »

L'Accusé.... : « Non, Citoyen Président ;
« j'en ai été accusé par les Aristocrates, parce
« que je suis bon Patriote. »

Le Président : « Citoyens Jurés, l'Accusé est

« un excellent Patriote , l'accusation n'est
« donc qu'une calomnie , c'est le sort de tous
« les Patriotes; voici la preuve dans ces pièces,»
en montrant une liasse de papiers.

J'aurais tort de prévenir les réflexions des
lecteurs sur ces deux derniers interrogatoires,
et d'appeler leur attention sur l'adresse avec
laquelle ils sont amenés ; qu'importeraient les
motifs et les formes, lorsqu'il s'agit de sauver
la vie à deux de ses semblables , même coupables , si d'ailleurs on avait les mêmes égards
pour l'innocence ? Mais . . . .

Ce fut enfin le tour de l'infortuné Gossin :
on ne l'interrogea pas ; le Président lui dit : *tu
as la parole :* il parla donc et se justifia complètement et sans peine.

Pendant qu'il parlait, deux Jurés qui étaient
derrière moi, me dirent : « Citoyen Représen-
« tant , sois tranquille, tout ira bien. »

Quand Gossin eut fini , on me donna la parole. Je confirmai par une déposition solen-
nelle les faits justificatifs ; je fis valoir le courage avec lequel l'Accusé avait refusé d'obéir
aux ordres du Roi de Prusse, quoiqu'en sa
puissance , et je protestai qu'il avait sauvé la

ville de Bar-le-Duc d'une exécution militaire, ce qui était le devoir d'un bon magistrat et la preuve d'un grand dévouement. Je fus écouté assez long-tems, et en apparence avec assez d'attention.

Après moi , Mallarmé , Député du département de la Meurthe, et qui , en qualité de Commissaire de la Convention dans le département de la Meuse, avait pris et transmis les renseignemens préliminaires , parla aussi et confirma ses premiers rapports, qui étaient tous favorables et justes.

Alors les Jurés et les Accusés se retirèrent. En sortant, le malheureux Gossin me fit un signe de tête interrogatif sur mes espérances ; il avait vu les deux Jurés qui s'étaient inclinés pour me parler ; je lui répondis par un autre signe de confiance : cependant, je l'avoue , je n'étais pas guéri de mon oppression ; elle n'était que trop fondée, je ne devais plus le revoir.

Pendant l'absence et la délibération des Jurés, qui ne furent pas longues, quoiqu'il s'agît de la vie de quarante-deux à quarante-trois personnes, le Président, l'affreux cannibal Dumas, me fit signe de monter auprès de lui, j'y fus, et dans le moment même je fus environné de la horde infernale des autres juges et de l'accusateur public.

Je tins seul la parole, et j'en usai sans doute indiscrètement, mais avec l'intention puérile de dire quelques vérités et de faire quelques observations utiles à l'humanité, dont le sort était dans la main de ces singuliers auditeurs. Et où allais-je en effet placer mes espérances et mes leçons ? C'était enfance ou folie de ma part : ils m'écoutèrent cependant tous et ils m'observaient bien.

Je leur dis, entre autres choses, et j'atteste que c'est ici la vérité, que ce qui nuisait beaucoup à la république et à l'effet des désirs que plusieurs bons Citoyens auraient de s'y rattacher, c'était ces innombrables accusations de royalisme, laissées à la discrétion du premier ennemi et auxquelles on donnait un effet rétroactif ; qu'il me semblait que ce serait être assez rigoureux que de punir ceux qui troubleraient l'Etat par des tentatives, pour rétablir la royauté, mais qu'il était contre toute justice et contre nos principes même sur la liberté des opinions, de faire un crime capital, non-seulement de quelques paroles vaines , que le mécontentement ou une opinion contraire arrachaient , que le vent emportait et auxquelles une administration tempérée , juste et forte , imposerait silence , mais de rechercher encore les opinions antérieures à la révolution ; que Roberspierre lui-même avait dit , le 6 août 1792 , que la Royauté était le seul gouvernement qui convînt à la France , et qu'il répugnait de croire qu'il désirât la mort de ceux qui ont partagé son opinion.

Là-dessus Dumas me répondit que Roberspierre n'avait parlé de cette manière que pour éprouver..... Il n'eut pas le temps d'achever, les Jurés rentraient dans ce moment, et s'étant remis sur leur banc, ils prononcèrent l'un après l'autre cette phrase horrible, en mettant la main droite sur leur poitrine:

« En mon ame et conscience je déclare que
« tous les accusés , à l'exception de tel et de
« tel , qu'ils nommèrent, (c'étaient la jeune
« campagnarde et le voleur de bœufs), sont
« ennemis du peuple. »

En même tems les deux scélérats d'entre eux qui m'avaient dit que tout irait bien , eurent

la cruelle audace de me dire : « Eh bien !
« citoyen Représentant , nous vous l'avions
« bien dit que tout irait bien. »

O monstres ! mes jambes et la lumière me
manquèrent à la fois , je glissais en bas de
mon banc, sans sentiment ; deux personnes,
que je n'ai plus revues, m'emportèrent avant
que les accusés fussent rentrés pour entendre
leur jugement ; c'est ainsi que je sortis de ce
repaire de brigands et d'assassins.

Voilà ce que j'ai vu et entendu, et ce dont
je n'avais aucune idée. Quelque exact que soit
ce récit dans tous ses détails , je doute qu'on
puisse y croire ; et moi-même , lorsque ces
tristes souvenirs se retracent à ma pensée, je
crois avoir fait un rêve affreux.

C'est ainsi enfin que j'ai vu quarante ou
quarante une personnes envoyées à l'échafaud par un seul et même jugement , sans
articulation précise de faits , sans audition de
témoins, sans preuves écrites ni verbales, et sur
la vague et absurde déclaration qu'elles étaient
ennemies du Peuple ! Quel langage ! Quelle
doctrine ! Et c'était pourtant ces hommes-
là qui parlaient de réformer les abus , de

rétablir les mœurs et de garantir l'innocence par l'institution du Jury !

Beaucoup d'entre nous avaient eu l'espérance de ramener Gossin, et un dîner était préparé chez un ami commun. Madame Gossin et ma femme étaient restées ensemble à l'hôtel de Suède, rue Helvétius, en nous attendant ; mais comment aller les rejoindre ?

M. Guérin, celui qui a été Directeur de la Caisse des employés et artisans, ami de Gossin, avait eu le courage aussi de ne pas le quitter ; il avait assisté à l'horrible séance et il en était sorti, avant moi, accablé et portant ses pas machinalement dans diverses rues ; il passa dans celle Helvétius, je n'en savais rien ; ma femme, que l'impatience appelait à chaque instant à la fenêtre, l'avait vu errant et affligé ; il n'avait rien dit et il était passé plus loin.

Pour moi, après bien des circuits dans le quartier, je me déterminai vers les six heures du soir à porter l'affreuse nouvelle. Ma femme avait caché à madame Gossin la triste apparition de M. Guérin, de sorte que sa situation morale n'avait pas encore passé les inquiétudes inséparables de l'impatience quand j'approchai de l'hôtel. J'aperçus ma femme à la fenêtre, et je la vis à l'instant même tomber à la renverse, en faisant un grand cri ; elle m'avait vu seul et anéanti : tout était dit pour elle, il ne restait plus de doute. A cette chute et à l'attaque violente de nerfs qui en fut la suite , madame Gossin soupçonne la vérité , regarde par la fenêtre, se précipite au bas de l'escalier et s'écrie dans mes bras : *O mon mari ! mon mari! vous ne me le ramenez donc pas ?*

Je l'avais en effet reçue dans mes bras , et je n'en savais rien ; je venais d'entendre ce cri déchirant que j'avais tant redouté , il retentissait à mon oreille et au fond de mon cœur , je n'entendais que cela et je la tenais encore.

Qu'on se peigne, s'il se peut, mon affreuse situation : la plus malheureuse de ces deux femmes , sans doute, était celle qui était dans mes bras ; mais l'autre était la mienne, et je la voyais livrée aux spasmes et aux agitations de l'effroi, dans un état déplorable , et j'étais seul avec elles et ne sachant à laquelle je devais les premiers soins. Les ombres de la nuit nous surprirent dans cet état, et enfin il nous fut possible de nous séparer ; je laissai Madame Gossin aux soins de quelques personnes amies qui survinrent, et je ramenai la mienne chez moi. Voilà des souvenirs qui ne s'effacent jamais.

Quand, dans la soirée du même jour, on apprit au Comité de Salut-Public la condamnation de Gossin, M. Cambon, membre de ce Comité, s'écria : « Il n'y a plus à délibérer, la condamnation de Gossin nous « avertit de celle qui nous attend ; personne « ne peut plus espérer d'y échapper, il faut « sortir de cette crise affreuse, et savoir ce « que veulent les bourreaux de la France.

Honneur à M. Cambon ! Cette vigoureuse sortie électrisa tous ceux qui l'entendirent, et ceux à qui elle fut répétée ; elle concentra les vœux et les volontés pour un événement qui ne pouvait plus guère se faire attendre, mais qui pouvait encore être précédé par la mort de bien des victimes ; celle de Gossin le précipita.

Il périt le...... messidor......, quelques jours

avant la journée trop différée du 9 thermidor;
sa mort fut le tocsin au son duquel on se rallia;
sa vie avait été utile, sa mort le fut aussi.

Je vais encore affliger les ames sensibles
par l'inconcevable fatalité qui poursuivit l'infortuné Gossin jusqu'à ce qu'il eût rendu à
la terre sa dépouille mortelle. Je tiens le fait
du bourreau lui-même : quel témoin ! mais
il n'est que trop croyable. Je dirai peut-être
un jour les relations forcées que j'ai eues avec
ce témoin singulier et avec son confrère d'Orléans, appelé à Paris pour la plus prompte expédition des jugemens de l'infernal Tribunal
révolutionnaire. J'observerai seulement ici, en
passant, et je dois à la vérité de déclarer que
j'ai vu ces deux hommes en larmes, venir
un jour me demander leur horrible salaire,
dont je n'étais cependant pas chargé; mais
ils me croyaient plus d'influence que je n'en
avais dans le Gouvernement, et on me connaissait quelque pitié; ils gémissaient de leur
condition et de l'obligation où ils étaient
d'immoler l'innocence, quand ils étaient assez affligés d'appliquer le châtiment du crime;
ls étaient moins bourreaux que leurs maîtres.

Quoi qu'il en soit, celui de Paris me dit que la liste des condamnés lui était toujours remise la veille du jugement, en sorte que l'instruction apparente et le prononcé n'étaient qu'une vaine et atroce formalité.

Par une cause inouie, le nom de Gossin n'était pas sur la liste qui lui avait été remise selon l'usage, et lorsqu'il vint avec ses affreuses charrette pour charger les victimes, il refusa de charger Gossin ; mais le malheureux, dont la tête était perdue, en voyant charger ses compagnons de malheur et mettre les charrettes en mouvement, s'écria: « *et moi aussi, je suis con-* « *damné, mets-moi sur la voiture.* » L'exécuteur le repoussait, en lui disant qu'il n'était pas sur sa liste ; les voitures roulaient déjà les autres victimes vers l'éternité, Gossin insiste dans son délire, et un des juges, présent à cette horrible agonie, dit alors à Samson : « *Ta liste est incomplète, c'est un condamné.* » Il le chargea donc et partit. Mais à peine l'infortuné fut-il placé sur le tombereau de la mort qu'il fut livré au plus cruel des supplices, la raison lui revint, et il s'écria d'une voix forte : « O ma femme et mes enfans ! »

Ames sensibles, c'en est trop sans doute ; mais quand on pense que mille et mille victimes aussi innocentes et aussi intéressantes ont subi le même sort, quelle douleur peut égaler tant de malheurs et de crimes?

J'ai su depuis, que le jugement de Gossin avait été précipité de deux jours, et que c'est à cette confusion qu'on doit attribuer sa non-inscription sur la liste.

Le Greffier de ce Tribunal, dont le nom était Pâris et que l'on surnommait *Fabricius*, vint un jour me voir de confiance au Comité de Sûreté-générale, et, après m'avoir fait part de cette dernière circonstance du jugement de Gossin, il ajouta que, sans la journée du 9 thermidor, j'aurais suivi de près mon ami à l'échafaud, ainsi que les députés qui avaient assisté à l'instruction, et qu'il allait m'en donner la preuve ; que Fouquier-Tainville, dont on poursuivait en ce moment la condamnation, connaissant mes principes d'humanité et désirant que je l'aidasse à sortir de là, lui avait confié un registre assez volumineux sur lequel on écrivait d'avance la condamnation de quelques personnes signalées, même avant leur

9

arrestation, et que j'étais inscrit sur ce registre pour être condamné le 11 Thermidor, devant être arrêté le 8 avec plusieurs autres Députés.

Fabricius tenait en effet ce registre. L'ayant ouvert, je vis mon nom en marge, et ensuite ces mots dignes de remarque : « condamné « pour avoir voulu empêcher le cours de la jus- « tice, par l'interposition de son caractère de « Député par-devant le Tribunal, dans le « procès de Gossin. »

M. Bezart, rapporteur, a eu les mêmes communications de la part de Fabricius.

Le registre dont je viens de tracer un extrait n'appartenait ni au greffe ni au Greffier ; il n'existait que pour la *gouverne* de Roberspierre, Saint-Just et Couthon, de Dumas, Président du Tribunal, et de Fouquier-Tainville, accusateur public, qui en était le dépositaire, ils en concertaient la composition entre eux.

Je remerciai Fabricius de sa démarche ; je le priai de vouloir bien dire à M. Fouquier-Tainville, que je lui aurais eu quelque obligation s'il m'eût communiqué son registre avant le 8 thermidor , mais qu'aujourd'hui c'était une révélation inutile dont je ne pouvais lui savoir d'autre gré que d'avoir appris par là l'estime et la confiance dont il m'honorait avant cette époque.

Il ne me vint pas dans l'idée de faire saisir et arrêter ce registre , et je ne sais pas ce qu'il est devenu.

Je terminerai cette anecdote par deux particularités relatives à deux des condamnés avec Gossin.

Le premier était un homme dont j'ai oublié le nom. On ne lui faisait d'autres reproches que d'être dévot. Un prisonnier qui servait de témoin , dit à la décharge de l'accusé, que sa dévotion ne troublait ni ne scandalisait personne ; qu'il se retirait en particulier pour prier jusque dans les coins les plus reculés des greniers , et qu'il ne parlait jamais des affaires publiques.

« Dans ce cas, dit le substitut de l'accu-
« sateur public , c'est un ennemi caché de la
« république, puisqu'il préfère se taire plutôt
« que d'en faire l'éloge, et il est d'autant plus
« dangereux qu'il affecte des vertus qu'il n'a

« pas, puisqu'il rougit de s'avouer républi-
« cain. »

On a vu aussi qu'il ne fut pas compris dans les exceptions des jurés.

Le deuxième avait eu des lettres pour être fermier-général, mais elles n'avaient pas eu d'exécution. On lui reprochait d'avoir été protégé par la reine, et d'avoir fait un voyage en Angleterre pour elle : il n'y avait pas d'autre charge ni d'autre fait contre lui. Il se défendit avec beaucoup d'esprit et de courage. Quand il eut fini de parler, le président lui demanda : *Avez-vous fait le voyage d'Angleterre pour Marie-Antoinette ?* Oui, citoyen Président. Alors ce tigre dit aux Jurés : Citoyens jurés, vous avez entendu.

Celui-là ne fut pas non plus compris dans l'exception de ces jurés ; il fut, comme tous les autres, déclaré ennemi du Peuple. Si le Ciel eût permis plus long-tems l'existence de ces monstres, ils eussent exterminé le Peuple français individu par individu, en l'accusant d'être ennemi de lui-même.

SUR

MONSIEUR DE CARLETTI,

Ambassadeur de Toscane.

Long-tems M. de Staël et M. de Carletti furent, en France, les seuls envoyés des gouvernemens étrangers depuis l'abolition de la Royauté.

M. Panckoucke, l'éditeur célèbre de l'Encyclopédie et savant lui-même, m'invita un jour à dîner; il me prévint qu'il aurait M. de Carletti et quelques autres personnes distinguées par leur existence politique ou littéraire, ce qui arrivait souvent chez lui, et il me pria de venir de bonne heure.

Lorsque j'arrivai il n'y avait encore dans le salon que cinq ou six personnes dont je n'avais pas l'honneur d'être connu, non plus que de M. de Carletti qui était présent. On m'avait annoncé sous mon nom seul , sans y ajouter ma qualité de Député. On parla politique et on en parla à cœur ouvert ; M. de Carletti sur-tout , qui, à sa qualité d'Italien , joignait la réputation d'être extrêmement fin et discret , oubliant son rôle, parla fort mal de la République française , de son régime intérieur et de sa politique extérieure.

J'étais debout et appuyé sur la cheminée ; je ne disais mot , j'écoutais bien , généreusement sans doute , souriant seulement quelquefois à la surprise que les indiscrets interlocuteurs éprouveraient bientôt en apprenant que j'étais un Membre de ce Gouvernement qu'ils venaient de si bien traiter ; le moment approchait et je me faisais une malicieuse jouissance de leur embarras prochain.

Il arriva , et la crise fut décidée par l'entrée de M. Merlin de Douai , alors membre du Comité de Salut-Public et qui était un des convives : il était connu de tous les autres, et je vis, à sa présence, la discrétion reprendre place sur la bouche et dans le maintien de l'assemblée.

Tout allait bien jusque-là , mais quand

M. Merlin eut fait toutes ses salutations, il vint à moi, et me présentant obligeamment la main, il me dit : Te voilà, Harmand ; je suis bien aise de me rencontrer avec toi ; à quelle heure as-tu quitté ton Comité ?

Je lui répondis je ne sais quoi, parce que j'étais occupé de la figure de nos indiscrets politiques et que je ne voulais pas perdre un trait de leur physionomie, sur laquelle se peignirent tout-à-coup l'embarras et la plus grande décontenance. J'eus beaucoup à prendre sur moi pour ne pas en rire ; madame Panckoucke me faisait des yeux où se peignaient l'obligeante certitude de son opinion à mon égard, et des signes d'une intelligence malicieuse.

Mais ceux de nos politiques étaient si intercédans que la pitié me gagna, et à la vérité ils en avaient besoin, car ils souffraient visiblement. J'allai à M. de Carletti, et je lui dis : « M. le Comte, les propos d'un aussi ho-
« norable convive ne peuvent être ni offen-
« sans ni effrayans pour la République, et ce
« serait bien malheureux que, dans le pays
« où l'on proclame la liberté et où l'on est
« armé pour elle, on ne pût pas y expri-

« mer son opinion , dans un dîne sur-tout. »

Ce peu de mots suffit pour ramener la sérénité sur tous les fronts , et le dîner , que ce sombre nuage semblait envelopper , fut aussi gai qu'il était bon.

Après le dîner , M. de Carletti voulut réparer son indiscrétion , et cela fut encore plus mal-adroit : il fit l'éloge de notre Gouvernement, de sa force et de son influence , sans doute , à cause de M. Merlin , car il n'avait plus rien à dire à cet égard à cause de moi.

M. Merlin , qui n'avait cependant rien entendu de la conversation précédente, répondit , avec une supériorité de tact , que M. de Carletti aurait dû s'épargner : *Vous êtes plus fin que nous*, M. de Carletti.

Quoi qu'il en soit, j'en voulais plus à M. de Carletti de cette seconde indiscrétion que de la première ; j'y trouvai de la perfidie et il m'y faisait jouer un rôle désobligeant. Je voulus l'en punir sur-le-champ et j'allai encore à lui.

« Ce n'est pas seulement dans les dîners
» étrangers, M. le Comte, lui dis-je, qu'on vous
« reproche de parler beaucoup, on dit aussi

« que l'on s'en donne chez vous à cœur joie :
« par exemple, un tel jour, telle personne a
« dit cela, un autre jour vous avez dit cela
« vous-même, tel jour vous avez donné tel
« ordre et vous êtes allé à tel endroit.

« Ah ! citoyen Représentant, me répondit-
« il, je vois que je suis sous le couteau des
« terroristes.

« Vous devriez voir le contraire, M. le
« Comte, mais puisque vous avez besoin d'une
« certitude plus réelle, je vous confie que
« personne ne sait cela que moi, et ceci
« est une petite récrimination de ma part
« pour le rôle que vous m'avez fait jouer tout-
« à-l'heure. » Il rit d'un rire un peu forcé,
et nous nous séparâmes.

On sait comment et à quelle époque il
a quitté la France ; il méritait d'y revenir
avec l'étoile de son bonheur. Il faut voir dans
l'histoire du Directoire exécutif le récit des
causes et des circonstances du départ de
M. de Carletti.

SUR

LAZOUSCKI.

Lazouscki était fils d'un noble Polonais, peu fortuné, qui avait suivi le Roi Stanislas en Lorraine : quelques circonstances de sa vie le déterminèrent à prendre parti dans le régiment de....., cavalerie, et il y servait comme simple cavalier, distingué cependant des autres à cause de sa naissance, par un galon en argent sur le collet de son habit.

Son caractère insubordonné et violent le porta, un jour qu'il était de service dans les écuries, à manquer grièvement à un de ses officiers, et à le frapper : un Conseil de guerre le condamna à perdre la vie.

Louis XVI venait de monter sur le trône ; on implora sa clémence pour le coupable Lazouscki, et ce malheureux jouit du premier acte d'une autorité encore vierge, les premières lettres de grâce que ce Monarque signa furent celles de Lazouscki.

Peu de temps après, il obtint une autre grâce, il fut nommé inspecteur du commerce.

Qui croirait, d'après cela, que l'ennemi le plus forcené de Louis XVI, dans la révolution, fut ce même Lazouscki ?

Qui croirait qu'il fut un de ses accusateurs et calomniateurs les plus acharnés ?

Qui croirait qu'il fut un des assaillans les plus furieux du château des Tuileries dans la journée du 10 août 1792 ?

Qui croirait qu'il fut un des provocateurs les plus emportés et les plus virulens du jugement et de la condamnation de ce Monarque son bienfaiteur ?

Ce bon, magnanime Prince, en apprenant cette atroce ingratitude, dit : *Je ne me repentirai pas d'avoir voulu faire le bien.*

Lazouscki a été enterré avec les honneurs révolutionnaires sur la place du Carrousel en 1793, en mémoire des services qu'il avait rendus sur cette même place, le 10 août, à

l'attaque du château. Il y a précédé son digne
émule Marat.

Cette anecdote est faite pour livrer sa mémoire à l'indignation publique.